高效沟通与绝对成交

简单几招提高门店销售成交率

聂昭鸿 著

中华工商联合出版社

图书在版编目(CIP)数据

高效沟通与绝对成交/聂昭鸿著. — 北京：中华工商联合出版社, 2023. 4

ISBN 978-7-5158-3647-8

Ⅰ. ①高… Ⅱ. ①聂… Ⅲ. ①心理交往—通俗读物 Ⅳ. ①C912.11-49

中国国家版本馆CIP数据核字(2023)第062043号

高效沟通与绝对成交

作　　者：聂昭鸿
出 品 人：刘　刚
责任编辑：胡小英
装帧设计：胡志远
责任审读：付德华
责任印制：迈致红
出版发行：中华工商联合出版社有限责任公司
印　　刷：香河县宏润印刷有限公司
版　　次：2023 年 5月第 1 版
印　　次：2023 年 5 月第 1 次印刷
开　　本：710mm×1000mm　1/16
字　　数：200 千字
印　　张：13
书　　号：ISBN 978-7-5158-3647-8
定　　价：58.00 元

服务热线：010—58301130—0（前台）
销售热线：010—58302977（网店部）
010—58302166（门店部）
010—58302837（馆配部、新媒体部）
010—58302813（团购部）
地址邮编：北京市西城区西环广场 A 座
19—20 层，100044
http://www. chgslcbs.cn
投稿热线：010—58302907（总编室）
投稿邮箱：1621239583@qq.com

序

写在前面的话

我打算把自己多年的门店成交沟通经验和技巧写出来，分享给大家，让更多的同行看到并学会如何与客户沟通，提高门店销售成交率。

在开篇之前，我要声明的有以下几点。

第一，我不是大咖。

书中的内容基本上都是我在一线摸爬滚打10余年、走遍30余个省、接触了30000多名店员后的真实感受和真实案例，表述上虽然有些平淡和简单，但内容绝对实用。

第二，我不代表权威。

我出身平凡，经历平庸，没有出众的家世和背景，没有傲人的学历和成就，所写所述，主要依赖于多年的工作经验及对诸多真实案例的分析总结。我将自己多年积累学习的零散知识，与一线门店的实际销售现状相结合，经过体系化整合与归纳总结后分享给大家。因此，在我看来，这只是一种经验的表述，并不代表权威。

第三，我只写局部。

关于知识，我们掌握得越多，就会越觉得自己肤浅。

无论是营销，还是门店营销，整个体系涉及的面过于广泛，无法做到面面俱到，因为那样也凸显不出重点。因此，为了达到实战实用的效果，本人只写整个营销体系中的一小部分，即只写个人认为重要的局部内容，只讨论门店销售中高效沟通的技巧及营销话术。

总体来说，本书的表达方式通俗易懂、贴近生活，是真实的、充满乐趣的，如果您对沟通技巧及营销话术感兴趣，就请不要错过本书，认真阅读一下书中的内容，定会收获满满的惊喜！

目录

第一章
何谓门店销售

门店是线下商品交易的最终场所，销量份额占据了品牌大头，数据显示，快消品行业80%左右的销售额发生在线下，其中有40%的商品流通都发生在主营快消品的超600万家非连锁经营门店。在竞争如此激烈的当下，如何提升门店业绩自然也就成了广大门店最关心的话题。

一、必须理解的关键词：门店销售

从古至今，门店都占据着非常重要的地位，从消费者行为和购买偏好来看，很多消费者都是在门店看到商品之后才做出购买决定的。

（一）关于门店销售的概念

门店是企业形象展示的端口，是产品销售的最前端，是企业文化和理念的传播载体，有着不可替代的重要作用。很多成功的门店运营案例其实就在我们身边。

案例1：

钱大妈成立于2012年，是广州市钱大妈农产品有限公司旗下品牌。经过九年稳健运营已发展成为社区生鲜行业的领军品牌。

钱大妈通过承诺的可视化和销售行为的宣传，不断强化承诺的力量：

首先，钱大妈公开承诺“不卖隔夜肉”：店外有招牌、海报、货架、收银台等。通过这种方式，消费者无论是经过商店还是进入商店，都会被这种简单的承诺所吸引。

其次，钱大妈推出了“定期打折清仓”策略，通过销售行为践行“每日新鲜”，强化消费者的承诺意识。从每天 19：00 开始，每半小时打九折，19：00 打九折，19：30 打八折，依此类推。在晚上 11：30 之前，未售出的肉类和蔬菜将免费分发，绝不过夜。

案例 2：百果园

百果园于 2001 年 12 月成立于深圳，2002 年开出中国第一家水果专卖店，已成为水果市场的一匹黑马。

百果园提出了“不好吃三无退货”的互惠特许交易规则，它一个接一个地打破了传统的交易规则，没有设置任何门槛：如果它不好吃可以任性退款。这种公开承诺不仅加强了消费者对“美味”品牌的独特定位，而且也带来了巨大回报。

在今天这个商业竞争空前繁荣的时代，门店依然是营销的主要载体和品牌推广传播的主要工具，承担着刺激消费者购买欲的主要职能。

当然，这里我们虽然说的是门店销售，其实更多的是对环境的限定，尽量让内容聚焦和便于实操，便于情景的设计和探讨，但就知识来说，对于“沟通”或“销售”这一行为，很多东西都是相通的。

当然，增加了“门店销售”这个关键词后，如果非要说内容和方向出现了什么变化，那变化就来自于“门店”这个销售场景的特殊性。

下面，我们先来对“门店”做个定义。

一般情况下，我们认为，一个线下门店（不讨论线上网店）需要具备三个条件：门面性、紧急性和高频性。

1. 门面性

“门面性”指的是，门店首先应该有个“门面”，要有一个线下的、真实存在的实体门店，一个能够让顾客进入、体验、交流、选购商品等的真实空间。如同某位男士走在街上，突然想抽烟，转角遇到一家便利店，就可以直接进去购买。这是实体门店的第一个基本条件。

对于门面性，要重视这样几个方面：

（1）地址。商业运作过程中，第一关键要素就是店址选择问题。沃尔玛、肯德基等享誉全球的连锁巨头们用其多年的发展经验无数次地证明它的正确性。商业是聚集人气、交流信息、达成交易的活动总称，而这样一切活动的背后都需要“人”作为推动者和执行者，如何选择能够聚集最佳人气的店址就是商业活动成功的前提条件。因此，对于“商业化”运作经验缺乏的制造企业来说，店址的选择就更加重要了。

（2）形象。一个形象足够好的店铺，能够让消费者对它产生信任感。以零食类店铺为例，只有愿意相信店铺销售的商品品质足够好，足够符合自己的口味，消费者才会有花钱进店消费的欲望。胡乱堆砌的元素，毫无美感可言的色彩搭配，会使原本优秀的商品直接被拉低几个档次。

2. 紧急性

门店通常都能解决顾客的突发性需求。比如，顾客生病了，走进药店就可以直接购买需要的药品；炒菜时发现没油了，走进生鲜超市，就能买到需要的油……一句话，客户随时需要，门店就能随时解决客户的这种需求。门店，一定要能解决顾客的“紧急性”需求。至于具体到某个商品店里有或没有，那是产品层面的问题，并非门店的属性问题。

以便利店为例。

便利店一般都位于居民区附近，以经营即时性商品为主，以满足便利性需求为第一宗旨，采取自选式购物方式的小型零售店。

便利店特征如下：

（1）距离的便利性。便利店与超市相比，在距离上更靠近消费者，一般情况下，步行 5~10 分钟便可到达。

（2）购物的便利性。便利店商品突出的是即时性消费、小容量、急需性等特性。与超市相比，便利店的卖场面积小（50~200 平方米），商品种类少，陈列简单明了，货架比超市的要低，顾客能在最短的时间内找到所需的商品。实行进出口同一的服务台收款方式，还能避免结账排队的现象。

（3）时间的便利性。一般便利店的营业时间为16~24小时，全年无休，是为消费者提供“Any Time”式的购物方式。

（4）服务的便利性。很多便利店将自己打造成了社区服务中心，为顾客提供多层次的服务，例如，收发递等。

便利店就是依靠这些便利性，赢得了顾客的青睐。

3. 高频性

至少在多数情况下，门店的销售频率应该很高，用专业术语表达就是客流量和进店率。好的门店通常都能满足很多顾客同时购买的需求，还能通过频率很高的销售和服务来满足自身生存的需要。当然，卖房子、卖车子、卖私人飞机，就不属于这个范畴，因为这类销售顾问的销售频率并不高，因此不在本书讨论的场景范围。

日常生活中，我们会购买很多东西。有些属于高频消费，有些属于低频消费。为了读者更好理解，我们这里对高频产品和低频产品做个简单地区分：

（1）高频使用，低频购买。比如，房子，大部分人一生只买一套，一套使用一生，再如，汽车、家具、家电，甚至报志愿考学校也是如此。没有人想复读，都想一次过，考个好学校，学习三四年，再继续往上考——典型的“高频使用，低频购买”。

这类物品有个显著的特点，一般都是大额产品，购买时需要经过长时间的考虑判断，理性决策。所以，对待高频使用，低频购买的物品，一般都不愿意留遗憾，为了日后少后悔、少维修、少遭罪，会舍得花钱，一步到位，用得开心。

（2）高频使用，高频购买。这个范围的消费品非常多，几乎涵盖了生活日常所需，油盐酱醋茶、衣服、水果、抽纸、香烟……这些物品寿命短、使用频次高、速度快、重复购买率高。消费者对于这类物品的购买习惯是简单、迅速、冲动、感性。对待高频使用、高频购买的物品，消费者一般都会遵循高低配，例如：衣服，便宜的要有，贵的也要有。

（3）低频使用，低频购买。比如，婚庆产品，通常一生只结一次婚，用且只用一次，相关的婚纱、摄影都是双低消费品。还有药品、留声机、烧烤架、豆浆机……这类物品是构成家中闲置物品的罪魁祸首，也是断舍离中会首先被列入清算名单的物品。所以，对待低频使用，且低频购买的物品，消费者一般都会慎重选择，确定自己是不是真的有这个需求。

（二）关于门店销售的特点

门店销售的这三大特性，决定了它的销售环境、销售过程和销售形式一定是短、平、快的，也决定了店员销售的过程和销售形式呈现以下几个特点。

1. 服务的过程非常“短”

门店销售不同于其他销售形式，工作人员没有充分的时间去了解顾客的家庭背景、个人爱好、性格特征等，服务过程非常“短”，一般只有 3~5 分钟，甚至更短。

在销售过程中，顾客停留的最佳时间是 5~7 分钟。在这段时间里，顾客一般都会有购买的欲望。销售人员懂得观察和感知情绪，及时抓住这个机会，就能成交。而为了让顾客在最短的时间里产生消费需求，优秀的销售员都会使用以下几种方法。

（1）改变顾客的心理账户。每个人心里都有一个钱包，比如，买水果，有些人觉得买香蕉需要花十元，很贵。但是，如果你告诉他：“这是有机香蕉，不打农药，老人和小孩吃了都非常安全。”这时候，把买水果的心理账户加上一个健康的账户，顾客就会想，为了安全，十元完全可以接受。

（2）巧妙使用语义效应。举个例子，第二杯半价。要想告诉顾客“只要买两杯，就可以优惠一半”，就可以直接告诉他“十元一杯，15元两杯”，效果不同。第一种，顾客觉得得到一个实惠，第二种顾客会觉得自己花了15元。两种感觉，就会促成两种不同的购买行为。

（3）制造锚定效应。比如，顾客想买一个笔记本，第一家报价9000元，如果其他家的报价超过9000元，你就会感到不舒服，这就是一个心理价位。这时候，就可以再引进一个品质差不多，但价格稍微高的同类产品，告诉顾客，好东西就是这价格，让顾客重新定位高品质的价格。

（4）现状偏见。很多门店都有七天无理由退换，顾客犹豫不决，销售人员说：“使用后如果不满意，七天无理由退换。”顾客多半都会放心购买。

（5）临门一脚。东西很好，顾客却左看右看不买。这时候，就可以上前说：“您真有眼光，这件产品很好，平时不打折，今天唯一一次打折，现在购买九折……”看到有利可图，顾客就容易心动。

2. 销售达成的速度特别“快”

也就是说，买就买，不买就不买，一般不会出现“容我想两天看要不要买这件产品”的状况。等顾客决定购买的时候，可能他已经找到了其他替代品，或已经不喜欢了。

因此，在门店销售中，店员没有充足的时间去分析顾客，自然也就不可能提太多产品销售以外的问题，进行顾客分析和售前预热，比如，“你家里几口人啊？”“平时家里炒菜用什么油啊？”“孩子喜欢什么类型的图书啊？”……其实根本就没必要，因为这些内容都是由销售场景决定的。

在“门店”这种销售环境的条件限定下，复杂的营销方案和营销手段有时会显得不合时宜和格格不入。对于“店员”来说，真正实用的销售业绩提升技巧应该是对高效沟通细节的把握以及简单实用的营销话术运用。而这也是本书真正想要跟读者分享的重点内容。

（三）关于店员的角色定位

有这样一个案例：

一天，某市突降暴雨，雨又大又急，很多路人慌不择路地寻找避雨场所。

有些路人跑到一家餐馆门口的雨篷下避雨，有些人全身都被大雨淋湿了，一些年长的老人与年幼的孩子冻得瑟瑟发抖。

看到这种情形，餐馆老板忙让员工招呼路人进门避雨。同时，他又让厨房熬制了一大桶姜汤，送给避雨的路人。

有路人很疑惑地问："你们要钱吗？"服务员微微一笑："不要，免费的。"

一句简单的语言让路人备感温暖。接过冒着热气的姜汤，很多路人说："早就听说你们餐馆的菜品好吃，没想到人也这么好，今天是真实感受到了。"

经营服务，就是经营人心，这是门店经营的最高境界。而人心，恰恰我们人人都有，并不稀缺，就看我们是否化繁为简，返璞归真，回归原点，则差异化思路就水到渠成了。

门店销售是直接和顾客打交道，所以销售人员的形象和言行直接关系着门店的信誉。

1. 迎合要求

（1）重视个人形象。首先，作为销售人员，在服装上要统一，至少要保证整洁大方；穿着邋遢、不整洁，会让顾客有一种不安全感，觉得销售人员不可靠。

（2）保持良好的精神面貌。优秀的门店，店员一般都有着较好的精神面貌，跟顾客沟通的时候哈欠不断，顾客就会觉得不被尊重。因此，男店员要给人一种文雅又不失朝气的感觉，女店员可以稍微化一下淡妆，热情地对待顾客。

（3）迎客需耐心、热心。作为门店销售，顾客光临的时候，少不了迎接，迎接的时候，少不了专业的用语，比如你是药店，可以说“您好，是哪里不舒服吗？”然后再热情地待客，要让顾客感受到店员的耐心、周到和得体，继而让他们感到一种亲切感，觉得购物是一件挺不错的事。

（4）不要和顾客发生争执。在迎客的过程中，通常都会遇到一些提问，店员要自信从容地进行回答。回答的时候要热情，声音也要轻柔，内容要够具体，要让顾客明白，不能含糊不清和心不在焉，更不要和顾客顶嘴。记住，耐心是销售人员不可或缺的品质。

（5）热情送客。俗话说“买卖不成情义在”，无论顾客挑拣半天分文未花，还是高高兴兴地满载而归，都要说一声“欢迎再来”“再见”或“您慢走”。因为，在接待顾客时，销售人员热情总比不热情好。对顾客服务不热情，甚至冷言冷语、恶语伤人，会让顾客不寒而栗。不过，热情过了头，同样也会令人生疑感到不舒服，直接影响顾客的购买欲。

2. 待客要求

（1）熟知每一个销售产品。销售员必须充分了解自己所售的产品、产品的系列，因为只有自己有一定的认识，掌握相关知识后，才能更好地推销给顾客。

（2）熟练地讲解主推产品。要对顾客熟练地讲解主推产品，心里清楚产品的相关特性和相关知识，却无法给客户熟练讲解，会导致客户无法接收到相关产品的重点信息。

（3）介绍产品的优势和劣势。销售员自身要熟知产品的优势和劣势，每款产品有优势就一定存在劣势，要知道产品的优劣，将产品更好、更完美地呈现在顾客面前。

（4）推销每个产品的亮点。要明白每个产品的亮点以及推销亮点，因为顾客的时间是有限的。因此，要在有限的时间内让顾客接受产品，就要“快、准、狠”地给他们介绍产品的亮点。

（5）站在顾客角度考虑产品。要想将产品成功地推销给顾客，就要站在顾客的角度去考虑这个产品。不同的顾客对产品的需求是不同的，要根据差异将不同的产品成功地推销给顾客。

二、关于业绩提升的必要条件

本书分享的知识点更多是一些操作性“技巧”。作为作者或老师，在讲述沟通技巧和营销话术等课题时，往往担心误导读者或给读者一种错觉，即“只要学会了技巧，就能提升业绩”。为了避免造成这种错觉，就有必要先说说“提升业绩”与“具备技巧”之间的关系或联系。

道理很简单。“技巧”并不等于业绩的提升，它是提高业绩的必要条件，但不是充分条件。也就是说，并不是说只要掌握了好的沟通及销售技巧，业绩就能提升。我认为，决定销售业绩的必要条件至少包括三个：态度、知识和技巧。

下面，就来简单地说说我对这三个条件的理解。

（一）态度的重要性

大学期间，老师跟我们做过这样一个有趣的文字游戏，该文字游戏体现了“态度”的重要性，让我至今记忆犹新。

具体游戏过程如下：

如果我们让英文字母：

A、B、C、D、E、F、G、H、I、J、K、L、M、N、O、P、Q、R、S、T、U、V、W、X、Y、Z

分别等于百分之：

1、2、3、4、5、6、7、8、9、10、11、12、13、14、15、16、17、18、19、20、21、22、23、24、25、26

就会发现一些有趣的现象：对于你的生命来说，用对应字母的百分比来看看：哪些东西才是最重要的？

是“努力工作”吗？

Hard work=H+A+R+D+W+O+R+K=8%+1%+18%+4%+23%+15%+18%+11%=98%

由此可见，努力工作很重要，但不圆满。

是“知识”吗？

Knowledge=K+N+O+W+L+E+D+G+E=11%+14%+15%+23%+12%+5%+4%+7%+5%=96%

显然，知识很重要，依然不圆满。

是“运气”吗？

Luck=L+U+C+K=12%+21%+3%+11%=47%

这个比例是否贴切？我们接着看。

生活中，对你来说，最渴望或认为最重要的是什么？

是“钱”吗？

Money=M+O+N+E+Y=13%+15%+14%+5%+25%=72%

很多时候，我们都高估了钱的重要性。道理我就不讲了。

是“当领导”吗？

Leadership=L+E+A+D+E+R+S+H+I+P=12%+5%+1%+4%+5%+18%+19%+9%+16%=89%

相信看到这里，大家已经猜到答案了。

我们一起来看看“态度”：

Attitude=A+T+T+I+T+U+D+E=1%+20%+20%+9%+20%+21%+4%+5%=100%

事情就是这么巧！

通过这个有趣的游戏，就能得到一个很有意思的结论：无论做什么，态度都是很重要的因素。对于业绩的提升，同样如此。

态度，对于工作和生活等方面的重要性不言而喻。很多企业之所以要进行文化建设、员工培训、拓展训练、制度管理等，本质上都是为改变员工的“心态”或“态度”。

大量的事实告诉我们，提升业绩的前提是端正工作态度，积极了解产品知识、拼搏向上、提升自身能力，努力挣钱的态度，不是仅靠技巧就能影响和改变的。

态度，是提高业绩的必要前提条件，且需要自己来把控。俗语“你永远无法叫醒一个装睡的人”早就告诉我们，我们不可能逼迫一个主观态度上就不想提高业绩的人在客观事实上做出好业绩。举个例子：

翠花是一个生性羞怯的女孩，毕业后应聘到一家打印机制造公司，做了销售员。其实，这份工作对于她来说确实是一种挑战，因为她一直觉得销售人员比客户好像低一等。这个想法在她内心深处始终无法排遣，以至于让她丢了很多生意。

一次，翠花向一位公司经理推销打印机，为了得到对方的认可，她不断地讨好对方，却引发了经理的反感。经理虽然觉得打印机的质量不错，却最终并未购买，离开之前反而说了这样一句话：“你用不着这样谦卑，你推销的是产品，而不是同情。你这个样子，谁还会信任你，购买你的东西？”

我们都知道，翠花的想法是错误的！销售人员与客户是平等的，在从事推销活动之前，如果感到害怕，就无法达到销售目的。

作为一名销售人员，每天都要面对不同类型的客户，必须掌握不同的能力和技巧。要想让客户愿意结识你，就要表现自己，要随时随地地表现出自己的能力，让客户将注意力放到你的身上，而这也是门店销售员的生存之道。而且，在销售行业，最忌讳的就是对客户低三下四、卑躬屈膝。

作为一名销售员，如果连自己都不尊重，怎能赢得客户的尊重。在客户面前唯唯诺诺，不但无法赢得客户的信任和赏识，还会让客户感到失望，进而对你销售的产品失去信心。

这，就是态度的重要性!

以下就是门店销售人员应该具备的态度。

1. 对工作的态度

很多销售员业绩不佳，最根本的原因就是，没把销售工作当成自己的事业，觉得自己是“在为老板打工”，抱着这样的心态，如何能做好销售？怎么能成为一名优秀的销售员？对于门店销售员来说，只有改变心态，才能激发创造力。

（1）相信公司。成功的销售人员通常都坚信自己的选择，坚信自己的公司就是最好的公司，感谢公司为自己提供了最好的发展机会和舞台。当然，世上并没有存在绝对的完美，面对问题，需要报以积极的心态，尽可能地提出具有建设性的解决建议，少些抱怨。同时，还要坚信自己的公司，可以在挑战与竞争中获得成长和锻炼。

（2）相信产品。产品是销售的直接载体，销售员要相信自己提供的产品能够为消费者提供最好的服务、最好的功能、最好的利益。相信自己提供的产品能够让经销商赚到钱，相信消费者会因为你们的产品享受到最好的服务、最好的身体和心理的享受。

（3）相信服务。如今，服务已经成为超越产品本身让消费者购买的理由，很多销售人员销售的产品其实就是服务，所以要对自己提供的服务抱有绝对的自信，相信自己的服务能够打动消费者，相信自己的服务能够让消费者成为最为忠实的顾客。

（4）相信挣钱（即成就感）。挣钱只是一个通俗的说法，其实这里说的是，从销售工作中获得的成就感。销售工作很苦很累，从短期来看，尤其是刚入行的销售人员，通常都看不到挣钱的希望，工作单调而辛苦，很容易丧失工作的积极性，因此必须坚信销售工作能让自己获得成就感，能够让自己挣到钱。

2. 对客户的态度

客户是我们的衣食父母，但并不是说我们就要无条件地屈从于顾客。在销售产品过程中，销售人员对于客户的态度，就是要把自己置身于客户的位置上。想想看，如果你是客户，希望销售人员用什么样的态度对待你？

概括起来，销售人员需要用以下的态度对待客户：

（1）真诚态度。真诚是决定一个人做事能否成功的基本要求，作为销售人员，必须用真诚的态度对待客户，因为只有这样，客户才会尊重你，才能把你当作朋友。销售人员是企业的形象，是企业素质的体现，是连接企业与社会、消费者、经销商的枢纽，因此，销售人员的态度直接影响着企业的产品销量。

（2）学习的态度。对待客户，“处处留心皆学问”，要养成勤于思考的习惯。面对客户的时候，不要觉得自己懂得最多，要虚心向客户学习。因为，在学习的过程中，客户会更加容易接受产品，更容易和客户沟通。

（3）感恩的态度。对待客户，销售人员要用感恩的态度。感谢得越多，得到的就会越多。当然，感恩也意味着宽容，容则大、大则多。

（4）包容客户。每个客户的爱好和需求都不同，销售人员的主要工作是为客户提供服务，满足客户需求，因此必须学会包容，包容他人的不同喜好和挑剔。如果客户对产品不太了解，多次询问销售人员，销售人员就要耐心为他们讲解。

（5）良好的服务理念。服务形象的好坏决定了吸引客户的能力，决定了客户成交量和回头率。以顾客为中心不仅体现在产品本身上，更体现在销售的每一个环节。

3. 对自己的态度

销售人员正向积极的心态首先是对自己的态度。对自己的正确态度是：认为自己很优秀，不断持续地增强自信。即使刚刚开始做业务工作，销售人员也应该充满自信。因为只有坚定的信念和顽强的意志，才能不断鼓舞着销售人员勇敢面对顾客。

（1）行动最有说服力。销售人员要用行动去证明自己的存在，证明自己的价值；要用行动去真正关怀客户；要用行动去完成目标。如果所有的计划和目标都只是在销售人员的思想里，不付诸行动，计划就不能执行，目标也就无法实现了。

（2）不断学习。学习不仅是一种心态，更应该是销售人员的一种工作方式。

（二）知识的重要性

"知识"这个词的范围很广。我们评判一个人知识的多少，很多时候强调的是这个人对事物本质的认知程度。

前面已经说过，决定业绩好坏的必要条件是态度、知识和技巧，从广义角度来看，技巧本身同样也是知识的一部分。所以，在以门店销售为情境背景下所探讨的知识，更多的是一种狭义层面的"知识"。比如，要想销售产品，就要了解与产品相关的行业知识、产品属性、卖点等，我们把它称之为与销售相关的必要"知识"。

对于销售的达成来说，知识的基础性和重要性由此可见一斑。这也是我们一直强调“店员不是找货员而是销售员”的原因。

多问问自己：你销售的产品是什么？它能干什么？它怎么使用？有何优势？有何劣势？什么品牌？什么价格？如果你是药店的店员，你推荐的产品是处方药还是非处方药？是化学药还是中成药？功能主治是什么？成分有什么？生产企业是谁？保质期多久？有什么副作用或不良反应？……这个层面的“知识”，就是完成销售、提升业绩不可或缺的组成部分。

知识，不仅会影响业绩和技巧，更决定了是非与对错，在有些关键性行业，对顾客进行知识性误导，还可能危机及生命。比如，店员对某药品的副作用认知不清，患者误服药品后，就会出现严重的不良反应……

因此，业绩的提升，都要以知识为前提和基础，这也是技巧无法替代的。

优秀的销售人员通常都具有扎实而丰富的产品知识。不过，在销售工作中，销售人员要与各种不同性格、不同层次的人打交道，仅熟悉自己推荐的产品还不行，还需要充实多方面的专业知识，并把多种专业知识内化为自己头脑中的知识体系或知识结构。

1. 销售理论知识

营销工作的基本理论主要包括市场营销学、消费者心理学等。销售人员必须了解它们的基本知识、基本原则、基本程序、基本职能，懂得市场营销学的基本理论，掌握市场调查和预测的基本方法，善于发现现实和潜在的客户需求，了解产品的市场规律和市场行情动向。

2. 销售环境知识

销售人员接触的客户生活在特定的环境中，政治、经济、法律、社会文化对他们的购买行为产生着较大影响。因此，销售人员必须了解推荐区域的风土人情、宗教信仰、交通运输、语言习惯等，克服工作中的困难，减少工作中的问题，保证推销工作的顺利完成。

3. 销售企业知识

在向客户推荐产品的过程中，销售人员也在推荐着自己的企业，因此在销售工作开始之前销售人员要掌握本企业的知识，熟悉本企业的情况。比如，掌握本门店的历史背景、在同行业中的地位、生产和销售能力、产品种类、技术水平、发展战略、定价策略、销售政策、服务项目等。因为，只有了解这些情况，才能制订出符合市场情况的销售策略和计划，保证销售成功。

4. 销售产品知识

客户在购买产品时，通常都会对产品进行全面了解，产品知识自然也就成了销售人员推荐成功的前提。销售人员首先要了解产品的性能、用途、价格、使用方法、维修、保养及管理程序等方面的知识，了解市场上竞争产品的情况。同时，还要了解与其他公司的同类型产品之间的差别以及优点等。如此，才能在向客户介绍产品的时候有话可说。

5. 销售市场知识

销售人员应该掌握的市场知识有：熟悉行业的最新情报、同类产品的营销手法、社会阶层、流行趋势以及客户的购买力情况、潜在客户的需求及分布等。

6. 销售法律知识

在比门店销售更为复杂的一些销售场景中，销售成功以后，可能还需要与客户签订买卖合同，因此销售人员需要掌握一定的法律知识。要了解国家规范经济活动的各种法律，特别是与推荐活动有关的法律规范。例如，经济合同法、反不正当竞争法、产品质量法、商标法及专利法等；对签的合同要做到内容清楚、责任分明、计算准确，以便为以后履行合同提供方便。

7. 销售结算知识

推荐产品后，只有按时收回货款，才能给门店带来效益，这就要求销售人员必须掌握结算知识，因为它关系着利润的直接实现。结算知识包括付款方式和结算方式等内容，必须全面掌握、运用自如，才能达到预定的目标。

8. 销售客户知识

销售人员应善于分析和了解客户的特点，要知道有关心理学、社会学、行为学的知识；还要了解客户的类型、购物心理和行为，从而明确：谁是你的真正客户？其购买动机和购买习惯如何？对交易条件、方式和时间有什么要求……之后，才能针对不同客户的不同心理状况，采取不同的推销对策。

（三）技巧的重要性

掌握了丰富的知识，端正了做事的态度，也不一定能提高业绩，还要掌握一定的技巧。

所谓“技巧”，简而言之就是，为了更好地完成一件事情而采取的各种优化的方法和方式。运用销售技巧的目的是达成销售，如果甲乙二人的态度和知识等处于同等水平，方法和方式就显得尤为重要了。

那么，技巧运用的核心是什么呢？个人认为，是对人心、人性的分析和把握。具体到门店销售这种形式上，结合门店销售“短、平、快”的销售场景和特点，技巧的运用需把握的核心就是 8 个字——总结规律，运用规律。如果你觉得用“规律”一词太过专业，也可以通俗地理解为“套路”。无论哪种销售、哪种工作，似乎都需要“套路”，因为门店销售研究更多的是顾客的共性问题，而非个性问题。

而销售技巧，尤其是门店销售的核心，正是总结规律和运用规律。在本书开始分享个人总结的一些规律之前，有一些针对门店销售的基础规律是相通的。

1. 不要对顾客连续发问

在销售过程中，这种情况很常见：顾客一进门，有些销售人员就开始跟着不停地问问题，最后客人看几眼就直接走了。原因何在？销售人员的连续发问，引起了顾客的反感，尤其是超过 3 个问题后，会让顾客产生一种无形的压力和紧迫感，导致客户想快速离开。

2. 不要过分热情

推荐产品的时候，除了不要问太多问题，也不能过分热情，否则会吓跑顾客。无论做什么事情都要有个度，过分的热情反而会产生消极的影响，真正的热情就是想顾客所想，用店铺的产品满足他们的需求，使他们得到利益。

3. 不要讲太多专业术语

和顾客沟通时，不要讲太多专业术语，除非是像化妆品这类需要专业知识的，如果是卖日常用品，比如，卖服装的、卖日常用品的，一定要讲客户能听懂的话，因为通俗易懂才能吸引客户停留。很多时候，销售人员讲专业术语，以为客户听得懂，其实对方根本就没在听；以为顾客能听懂，其实他根本听不懂。

4. 根据产品特点和顾客需求推荐产品

作为销售员，应该根据产品的特点，以及顾客的需求来推荐产品，比如，客户性别、年龄阶段、消费能力、需求和聚集的地方，才能提高顾客的停留时间。每个顾客对商品的需求各有不同，在顾客停留的时间，可以根据顾客穿着的品位、风格、档次等，给他们有针对性地推荐，切忌盲目推荐。推荐的产品不符合顾客的需求，难免会造成顾客对你的不信任感。

5. 学会换位思考

在销售过程中，很多销售人员都会出现“底气不足”或“言不由衷”的尴尬，而且很多人根本就不知道如何去化解这些尴尬。其实，销售人员完全可以把自己想象成顾客，想想：我为什么会进店？进店之后，我会问什么问题，会关心什么问题？我有什么顾虑？什么服务会让我感到比较舒服？真正了解顾客的内心，销售人员的亲和力就会在不知不觉中增强，销售技巧也会在实践中不断提升，服务意识还能再上一个台阶，且成交率更高。

6. 切记拖泥带水

在销售过程中，见好就收，切忌拖泥带水。通常在销售过程中，顾客停留时间最佳是在 5~7 分钟，在这时间段内，顾客一般都会产生购买欲。销售员如果不懂得察言观色，不能及时抓住这个机会成交，却仍然滔滔不绝地介绍，会让顾客产生疲劳感，从而导致失败。开店卖东西，都是为了把货品卖出去，一旦错失时机，就很难再促成成交。

以上便是一些基础且相通的门店销售规律。

本书后面章节即将和大家分享很多门店销售的方法和技巧，归根结底也都是一些规律和套路，比如，“FABE”产品推介法；还有些规律是前人虽然做了总结，但在销售技巧中并没有进行系统地归纳和运用，我把它归纳成自己的知识体系，比如，“7/38/55”定律的门店销售运用；最后，还有一些规律是我根据个人的实战经验总结的，比如，“理所当然推荐法”等。

（四）能力的重要性

门店销售员是门店营销的主体，是营销三个基本要素中最关键的要素。销售员，既代表自己，又是门店的代表，销售员的一言一行都关系到个人和门店的声誉和形象，因此门店销售员不仅要具备一定的文化素质、心理素质、身体素质，还应具备以下几项能力。

1. 洞察能力

销售员在销售第一线，首先要有一双洞察市场的慧眼，紧扣市场脉搏，注意对货品市场信息的捕捉和收集，对自己负责和销售领域的货品动态要有所了解和掌握，工作起来才能得心应手，有的放矢。

周某是一位成功的销售女士，不但善解人意，洞察能力也很强，能准确地从对方的沉默中窥见对方的思想状况与内在意图。

有人问到当对方沉默不语时她是怎样去把握对方心思的，她这样回答道："只要你留心观察，就会发现对方虽然沉默不语，但从他的神态和表情变化中能够发现他内心思想感情的变化。比如，在正常情况下，顾客坐着的时候总是脚尖着地的，而且静止不动。一到心情紧张的时候，脚尖就会不由自主地抬高起来。因此，我只要看到对方脚尖是着地还是抬高，就可以判断他的内心是平静的还是紧张的。又如，在正常情况下，吸烟的人熄灭烟蒂大都会保留一定的长度，但遇到非正常的情况，放下的烟蒂就可能很长。所以，如果你发现对方手中的烟蒂还很长，却已放下熄灭了，就要有所准备，对手可能打算告辞了。"

此外，销售员还应是心理学的行家里手，悟性要强，与顾客接触过程中，首先，要从顾客的外表着装、神态表情、举止动作，大致判断顾客的类型，产生一个直观印象；其次，通过进一步与顾客的交流，观察，分析和了解顾客的消费倾向和爱好、档次和要求、购买欲望等信息，为下一步的成交做好准备。

在交流过程中，要针对顾客的心理活动在不同阶段的差异和变化，采取必要的引导和刺激手段，变潜在的需求为现实需求，促成导购行为的成功。

2. 社交能力

在社交场合，常常可以看到一些人很善于与交往对象打交道，一旦与他人相识，便能很快找到彼此有共同兴趣的话题，双方经过交谈加深互相了解，彼此留下良好的印象，关系也可以进一步改善。同时，还有一些人，只会寒暄几句客套话，然后就不知所措了。这两种人的差别在于社交能力的强弱。

缺乏社交能力的人，往往会人为地画地为牢，在自己与他人、与周围环境之间形成一道心理屏障。一个从事销售工作的人必须具备较强的社会交往能力，因为销售员为顾客服务的过程就是一个与顾客交流的过程，开拓和维护顾客资源是销售员的一项工作。

门店销售员每天要接待形形色色的顾客，要主动与顾客交流，尽量为顾客提供职责之外的服务，善于与顾客交朋友，建立良好的人际关系。要对人友善真诚，主动热情，设身处地为顾客着想，为货品找顾客，为顾客找货品，一切以顾客为中心，赢得顾客的信任和支持。

在日常工作中，可以建立完整的顾客资料库，详细记载顾客的资料，存档、分析、保留，加强与顾客的联系与沟通。

此外，还要关注顾客细微的要求，遇有顾客生日和重大节日，及时给顾客送上贺卡和祝福，开展顾客外交活动，邀请顾客来门店走走，恳请顾客对门店工作及货品销售提出建议，第一时间告知相关货品信息，开展各种便民措施，方便顾客购买。既能加强与顾客的联系，赢得顾客的好感，同时也能展现门店良好的社会形象。

3. 快速应变能力

为了推销一款打不碎的钢化玻璃杯子，一位销售员邀请了一大批客户前来参加产品说明会。顾客听完他的讲解后，他开始示范杯子的质量，可不巧的是，同事不小心给他拿了一只不过关的杯子，在他用力示范摔给客户看时，钢化玻璃杯瞬间被摔碎了。在场所有的客户都笑得前俯后仰。

推销员先是一惊，瞬间灵机一动，带着幽默的语气同客户说："你们看，像这种我们挑出来的次品是肯定不会卖给大家的"。结果，客户又哄堂大笑，但笑声与前一次的嘲讽相比却是多了几分赞赏。

紧接着，他让同事给他递上一款合格品，再次用力一摔。这次杯子不仅没碎，还完好无损地在地上滚了几回。推销员再次拿起杯子说："大家看，这才是我要卖给大家的，摔不碎的钢化玻璃杯。"

这个销售员用自己超强的应变完美地化解了尴尬的场面，不仅没有搞砸这场招商会，还销售出去了大量的钢化杯。

在日常服务过程中，身临复杂多样、时刻变化的服务情境，门店销售员也会遇到各种顾客，也会面对一些意想不到的事情，不能及时处理好，不但影响门店销售，也会影响门店信誉，这就要求销售员除了掌握熟练的业务本领，还需具备快速的应变能力，正确处理各种意外事件，对于服务过程中的矛盾和困难要理智分析和处理，随时应变，速战速决，客观解决。

遇到“特殊”顾客时，要保持冷静，认真倾听，要站在顾客的立场，回应顾客的问题，诚恳地表达歉意，及时发现自身不足，调整自身服务行为，重大问题迅速向上级汇报，并尽快提出建议，使问题能圆满解决。

第二章
高效沟通的技巧

作为一名销售人员，要尽可能销售出更多的产品，不能缺少的就是沟通技能和话术，通过心理分析客户的想法来引导客户购买。

沟通成败的关键是，在有限的时间和空间条件下，有效地向顾客传达产品的关键信息，满足顾客的核心需求，获取顾客的好感和认同，并最终促成销售的达成。

一、高效沟通

什么是沟通？沟通通常指的是，一个主体与其他对象的信息交互过程。比如，你和顾客、家人、孩子、老公、老婆、同事、同学、朋友，这些人与人之间的信息交互，都叫沟通。

图2-1　高效沟通

那么，何为高效沟通呢？就是使用一些沟通技巧，尽可能地降低沟通成本、提高沟通效果的信息交互过程，如图 2-1 所示。

为什么门店销售要追求高效沟通呢？因为从本质上来说，门店销售的过程也是一个门店和顾客之间高效沟通的过程。高效的沟通是销售达成的必要条件，而失败的沟通通常也会伴随销售行为的失败。

如何理解销售和沟通的关系呢？综上所述，从本质上来说，销售就是一个高效沟通的过程，是指销售人员合理运用听、说、问等沟通要素，结合一些辅助动作、辅助手段、辅助设施设备，将顾客需要的产品推荐给他们，如图 2–2 所示。

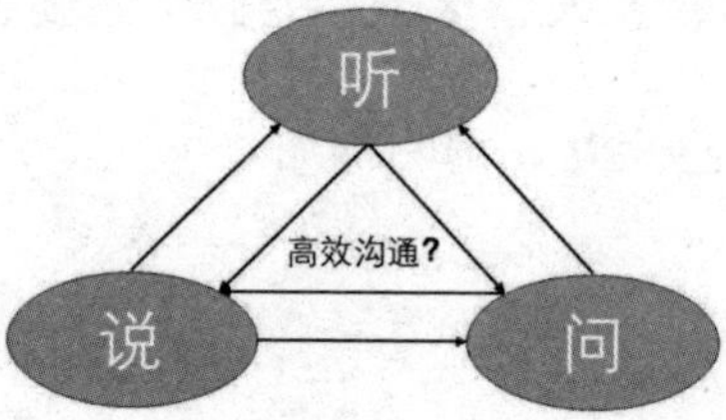

图2–2　沟通要素：听、说和问

需要注意的是，很多人或很多专家认为，“沟通”是彼此用“语言”交流的过程，沟通的要素包括听、说和问。但我认为这种理解失之偏颇，其中有两个关键点需要说明。

（一）高效沟通的要素不只是语言

下面这个案例，相信很多人都听说过：

一天，一位老太太拎着篮子去楼下的菜市场买水果。

老太太走到第一个小贩的水果摊前问道：“这李子怎么样？”

“我的李子又大又甜，特别好吃。”小贩回答。

老太太摇了摇头没有买。她走向第二个一个小贩，问道：“你的李子好吃吗？”

“我这里是李子专卖，各种各样的李子都有。您要什么样的李子？”

“我要买酸一点儿的。”

“我这篮李子酸得咬一口就流口水，您要多少？”

“来一斤吧。”

老太太买完李子继续在市场中逛，她看到一个小贩的摊上也有李子，又大又圆非常抢眼，便问水果摊后的小贩：“你的李子多少钱一斤？”

“您好，您问哪种李子？”

“我要酸一点儿的。”

“别人买李子都要又大又甜的，您为什么要酸的？”

“我儿媳妇要生孩子了，想吃酸的。”

“老太太，您对儿媳妇真体贴，她想吃酸的，说明她一定能给您生个大胖孙子。您要多少？”

“我再来一斤吧。”听了小贩的话，老太太很高兴，又买了一斤。

小贩一边称李子一边继续问：“您知道孕妇最需要什么营养吗？”

“不知道。”

“孕妇需要补充维生素。您知道哪种水果含维生素最多吗？”

“不清楚。”

“猕猴桃含有多种维生素，特别适合孕妇。您给儿媳妇天天吃猕猴桃，她一高兴，说不定能一下给您生出一对双胞胎。”

“是吗？好啊，那我就再来一些猕猴桃。”

“您人真好，谁摊上您这样的婆婆，一定有福气。”小贩一边给老太太称猕猴桃，嘴里也不闲着：“我每天都在这儿摆摊，水果都是当天从批发市场找新鲜的批发来的，您媳妇要是吃好了，您再来。这是我的电话，如果您不方便过来，我给你们送货上门。”说着，将自己的名片递给了老太太。

“行。”老太太乐呵呵地应承着。

三个小贩对着同样一个老太太，为什么销售的结果完全不一样呢？这就体现了沟通的重要性。

高效沟通本质上是一个高效的信息交互过程，而信息交互的媒介和方式有很多，语言只是其中最常用和最典型的方式，并不代表沟通的方式只有语言。

语言交流不仅不是高效沟通的全部，甚至语言本身在沟通中发挥的作用也远低于预期。因为销售人员一旦把高效沟通等同或约等于语言交流，就会在沟通中过分依赖语言本身，将所有精力都放在对语言内容的打磨上，完全忽略了其他沟通要素，很难取得理想的沟通效果。

遗憾的是，最后进行自我反省和总结的时候，很多人都会却将沟通的失败完全归咎到语言组织的问题上。其实，在实际销售沟通过程中，即使甲、乙二人说的话一模一样，各自的销售成功率依然会完全不同。所以，“语言”并不是沟通的全部。

1. 最有利于销售沟通的体态

有一位心理学专家曾说过：“无声语言所显示的意义要比有声语言多得多，而且深刻。”肢体语言是一个人下意识的举动，很少有欺骗性。在某种情况下，肢体语言不仅可以单独使用，还能表达出有声语言难以表达的感情，进而直接代替有声语言。

良好的体态展示了整体的形象，可以给顾客营造一个宏观的印象。

（1）眼睛。眼睛是心灵的窗户，反映着人的喜怒哀乐，能向客户传达很多信息。优秀销售人员，都能与客户保持目光接触。特别是当客户犹豫不决时，目光接触越多越好。在面对客户时，有的销售人员不敢看对方的眼睛，即使是看着对方，眼神也是飘移的。老练的客户一眼就能看出你的不自信，本可以马上签下的订单，却迟迟没有结果。与客户沟通，正确的肢体语言应该是面带微笑，眼睛炯炯地、柔和地看着客户的眼睛，不卑不亢，让他们感觉到你的自信和平和，感到你的诚实和勇气。

（2）身体位置。销售人员与客户的角度与距离，都要表现出热情和尊重。门店销售，销售人员多半都需要站着和客户交流，如果不断地摇晃肩膀，不断地倒换双脚，就显得很不礼貌，也会让客户感到你不耐烦，想尽快结束谈话。正确的做法是，像军人似的稍息，一脚稍微在前，一脚靠后支撑重心；一定要稳重，不要摇头晃脑。这样，才能充分展现出你的热情、职业素养和对客户的重视。

（3）手势。在谈话的过程中每个人都会有不同的手势，只不过有的手势对谈话有利，有的则相反。比如，张开手掌这个手势会给客户诚实的感觉，可以提高你的可信度，增加你的交际能力。而用手指指对方，或挥舞拳头，都是不礼貌的，会让对方非常反感。

手势运用的关键是自然、有力、不夸张、不烦琐。插口袋、双手背后、抓裤子、拉衣服、玩戒指等小动作，都会让顾客感觉你不够专心，不尊重顾客。

当然，销售员做出的每个工作，都要做到自然、得体、适度。

（1）自然。自然的动作可以让顾客放下心中的戒备，因此所有的动作都要不刻意、不做作。

（2）得体。在销售过程中，销售人员要面对不同的人群，需要使用不同的行为方式，保证得体。

（3）适度。肢体语言的幅度、力度、频率要在合适的范围内，表达得过于夸张，顾客反而会产生不信任的感觉。

2. 肢体动作与表达要同步

有时候销售人员需要借助肢体语言来吸引客户的眼球，最终达到促成的目的。

据专家测试：在和客户面对面交流的时候，肢体动作的沟通占了58%，而语言占35%，其他方式只占7%。可见，肢体动作比语言更重要。

销售人员只单纯说话，客户可能没有什么感觉，但借用恰当的肢体语言，就能和客户保持同步。如何做到这一点呢？具体实施方法叫作“挥手引导法”。具体方法是，手中像抓住什么东西一样，横向抛出去，嘴里和客户说：“张先生，您放心，这件事情没有问题的，这件事咱们就这么定了！”这个肢体语言虽然很夸张在实际使用中却能刺激客户的眼球，最终达到影响客户心理的目的。而果断地大幅度挥手会让客户产生一种确定感和真实感，加强对你所表达言语的认同。

此外，还要和客户达到语言上的同步，学会使用客户常用的词汇和语言。每个人都有自己的口头禅，在和客户交流的过程中，能够利用他的口头禅并有效地加以复述，事情就变得简单了。比如，客户的口头禅是“怎么说呢”，无论他表达什么样的观点，都要说“怎么说呢”，这时候表达时我可以说：“嗯，张先生，怎么说呢……”然后再继续介绍产品。这样，沟通起来就很合拍。

这里需要强调的是，通俗易懂的语言最容易被大众接受。所以，要多用通俗化的语句，让客户听得懂。销售人员对产品和交易条件的介绍必须简单明了，表达方式必须直截了当。表达不清楚，语言不明白，会产生沟通障碍，从而影响成交。

（二）销售中高效沟通的目的是“需求满足”

这里有个例子：

李某从事家具销售多年，从刚起步时为别人打工，到后来成立自己的门店，顾客量一直不受家装淡旺季的影响。

李某不仅能够找到顾客内在或潜在的真正需求，还能迅速、得体地应对。例如，她成功地引导老顾客杜先生从自己这里购买了数件高价格家具。

杜先生原本是李某的一个老客户介绍来的新客户，老客户与杜先生是熟人。他对杜先生的评价是出手太小气，请李某多多优惠，捡一些便宜家具推荐给杜先生即可。

李某见到杜先生以后，立即觉察到杜先生是一个精打细算又有些自以为是的人。

在炎热的夏季，杜先生穿着过时的西装，还打着领带。于是，李某在销售的环节并没有马上给杜先生介绍价格比较低的产品，而是带杜先生去看了几件高价格的家具。

看家具的时候，杜先生和李某闲聊。杜先生问李某："一天能卖多少货，今天卖了几件家具?"李某没有直接回答问题，只是讲了自己上午经历的一件有意思的事。

上午，店里来了一位老人，老人手里拿着一个功能型的老手机。李某以为老人一定不舍得花钱买太贵的家具，来这里不过是随便逛一逛。可是，后来老人买的全是高价格的家具。她问他为什么这么讲究，老人说任何东西都能凑合，就是家具不能马虎，家具关系到的是一家人的健康。

李某便对杜先生聊到了她当时的感觉：每个人的消费观不同，有的人用万元手机，买家具却不舍得选择环保家具；有的人看似平常，消费时却能把钱用在真正值得消费的地方。

杜先生点了点头，很认可李某的观点，并且表示自己也是一个看重质量的人。

李某耐心地给杜先生讲述了贵家具和普通家具在很多细节上的不同，最后，李某在价格上"艰难让步"了两次，给了杜先生大大的折扣。杜先生当场就预订了几件高价格产品。

在这个案例中，李某的观察很到位。首先，杜先生“过时的西装”，意味着杜先生不舍得花钱买新西装，却有点装模作样，内心渴望别人高看自己。第二，老客户介绍杜先生的时候，直白地评价他是一个“小气的人”，说明朋友们都知道杜先生的“小气”。第三，一般顾客是不好意思直接打探别人一天能卖几套家具，杜先生在见李某的第一面，就非常直接地问出了这种问题，这说明他虽然“小气”，却不自卑，反而有些自以为是。

接下来，李某就做出了正确的应对。

第一，她迎合杜先生渴望被尊重的感觉，并没有带杜先生去看便宜家具，而是带他去看价格高的家具。这本身就是一种赞美。

第二，李某没有直接回答自己卖了几套家具，因为这个问题并不好回答。李某讲了一个迎合杜先生的故事，成功地避免了尴尬。

第三，李某重新定义“不舍得花钱”。在这个故事中，她自然地为杜先生的“小气”开脱。杜先生就像故事中的老人，是一个用着老式手机的“低调的有钱人”。两次“艰难让步”，让杜先生得到了心理上的满足。

人们购买某种产品，有时候仅仅是购买一种感觉，控制不住自己进行冲动型消费，买一些本来自己不打算马上买的东西。其实，这并不是人们傻，而是因为这个产品不仅能满足表面实现的功能，还能满足顾客消费背后的利益或感受。

很多销售人员的销售过程之所以失败，主要是因为自我定位和沟通的出发点出现了偏差。多数销售人员最常出的问题是，以自我为中心而非以顾客为中心，而忘记了店员需要把握的关键点是：对于某款产品，不是“我觉得好”，而是“你需要它”。

销售情景下的高效沟通与日常家人朋友间的沟通最大的差别在于，它带有明确的目的性和利益关系，如果沟通过程不顺利，或无法做到关系上的完全对等，就会出现很多问题，比如，谁满足谁？谁迁就谁？以谁的需求为主？显然，在销售关系中，顾客需求才是主要的，类似“顾客是上帝”这种广为流传且朗朗上口的销售思维必然有它存在的道理和意义。

那么，如何让顾客感受到如“上帝”般的体验呢？不仅要为顾客提供良好的销售体验和周到的配套服务，所销售的产品也要很好地满足顾客需求。因为从本质上来说，销售是顾客接受并购买产品的过程，“顾客需要”才是产品销售的本质价值体现。

举个例子。

对于同一个产品，销售人员表达的角度不一样，所站的立场不一样，沟通是否高效，陈述出来的效果往往有着天壤之别：

A 说：“这款药品安全性高，适合长期服用，建议您选用。”

B 说：“爷爷您年纪大了，肠胃不太好，用药一定要首先考虑安全，应该选副作用小，不伤肠胃的，这款药比较适合您的情况。”

不难发现，A 和 B 提到的卖点都是产品的“安全性”，但表达的方式和效果却有着明显差别。哪种表达方式好一些？答案不言而喻。核心差别就在于，“我觉得”“我认为”与“您的需要”“您的情况”之间出发点的不同、立场的不同。

很多时候，销售达成的关键，就在于你的产品是如何解决顾客实际需求的。推荐产品的时候，在表达上也要以满足顾客的需求为手段。

顾客需求的满足是销售目的达成的条件。在销售过程中，高效沟通的思维方式和角度一定要站在创造顾客需求、发现顾客需求和满足顾客现实需求的基础上。

（三）销售如何满足客户需求

销售人员在实际工作中，要注意找出顾客购买这种产品背后的真正需求，并调整自己的销售方式及产品的介绍过程。

1. 引导和鼓励客户开口说话

认真、有效的倾听确实可以为销售人员提供许多成功的机会，但这一切都必须建立在客户愿意表达和倾诉的基础上。如果客户不开口，即使倾听具有通天的作用也是枉然。为此，销售人员必须学会引导和鼓励客户谈话。

引导和鼓励客户谈话的方式有很多，销售人员经常用到的有如下几种：

（1）巧妙提问。由于种种原因，有些客户常常不愿意主动透露相关信息，仅靠销售员一个人唱独角戏，这场沟通就会显得非常冷清和单调，而且这种缺少互动的沟通通常都会归于无效。为了避免冷场并使整个沟通实现良好的互动，更为了销售目标的顺利实现，销售人员可以通过适当的提问来引导客户敞开心扉，比如，用“为什么……”“什么……”“怎么样……”“如何……”等疑问句来发问。之后，客户就会根据销售人员的问题提出自己内心的想法。到最后，销售人员就能针对客户的问题寻求解决问题的途径了。这时，销售人员还可以耐心询问，与客户一起商量，找到解决问题的最佳方式。

（2）准确核实。客户在谈话过程中会透露出一定的信息，这些信息有些是无关紧要的，有些则对整个沟通过程起着至关重要的作用。对于这些重要信息，销售人员在倾听的过程中进行准确核实，既可以避免遗漏或误解客户意见，及时有效地找到解决问题的最佳办法；客户也会因为找到了热心的听众而增加谈话的兴趣。值得注意的是，准确核实并不是简单地重复，需要讲究一定的技巧，否则很难达到鼓励客户谈话的目的。

（3）及时回应。客户在倾诉过程中需要得到销售人员的及时回应，如果销售人员不作任何回应，客户就会觉得这种谈话非常无味。必要的回应可以使客户感到被支持和认可，因此当客户讲到要点或停顿的间隙，销售人员可以点头，适当给予回应，激发客户继续说下去的兴趣。例如：

客户说："除了黄色和白色，其他的颜色我都不太满意。"

销售人员："噢，是吗？您觉得淡蓝色如何呢？"

客户："淡蓝色也不错，另外……"

2. 倾听客户，学会倾听

良好的倾听技巧可以帮销售人员解决与客户沟通过程中的许多实际问题，可以说，在一场成功的客户沟通过程当中，有效倾听所发挥的作用绝不亚于陈述和提问。但并不是人人都能够做到有效倾听，听得不够认真会影响客户的情绪；听得不清楚，会误解客户的意思。因此，为了达到良好的沟通效果，销售人员就必须不断修炼倾听的技巧。

有效倾听的技巧如下：

（1）集中精力，专心倾听。这是有效倾听的基础，也是实现良好沟通的关键。要想做到这一点，销售人员应该在与客户沟通之前做好多方面的准备，如身体准备、心理准备、态度准备以及情绪准备等。疲惫的身体、无精打采的神态以及消极的情绪等都可能使倾听归于失败。

（2）不随意打断客户谈话。随意打断客户谈话会打击客户说话的热情和积极性，如果客户当时的情绪不佳，而你又打断了他的谈话，无异于火上浇油。所以，当客户的谈话热情高涨时，销售人员可以给予必要的、简单的回应，比如："噢""对""是吗""好的"等。除此之外，销售人员最好不要随意插话或接话，更不要不顾客户喜好另起话题。例如："等一下，我们门店的产品绝对比你提到的那种产品好得多……""您说的这个问题我以前也遇到过，只不过我当时……"

（3）谨慎反驳客户观点。在沟通过程中，客户表达的某些观点可能失之偏颇，也可能不符合你的口味，但记住：客户永远都是上帝，他们很少愿意销售人员直接批评或反驳他们的观点。如果实在难以对客户的观点做出积极反应，可以采取提问等方式改变客户谈话的重点，引导客户谈论更能促进销售的话题。

（4）及时总结和归纳客户观点。这样做，一方面可以向客户传达你一直在认真倾听的信息，另一方面也有助于保证你没有误解或歪曲客户的意见，使销售人员更有效地找到解决问题的方法。例如：“如果我没理解错的话，您更喜欢弧线形的深色沙发，款式和质量也要一流，对吗？”

二、"7/38/55"沟通定律的门店销售运用

伯克利大学心理学教授艾伯特·马伯蓝比经过十年的研究，最终得出了著名的"7/38/55"定律，尽管听过的人可能不多，但在我看来，该定律却是沟通技巧中非常重要的一个基础知识点和体系支撑点。

虽然该定律本身并不是我总结出来的，但该知识点在门店销售中的体系化运用，却是我个人在门店一线多年摸索、总结、归纳并加以运用的。

首先，我们先来简单学习一下这个定律的基本概念。

（一）"7/38/55"沟通定律

在20世纪70年代，麦拉宾在分析口头和非口头信息的相对重要性时得出结论：人们对他人的印象，有55%来自外形与肢体语言，38%来自说话的语调，只有7%来自交谈的内容。

这项研究揭露出，有效的沟通技巧应该包含三大要素：肢体语言、

声调和说话内容，而它们的重要性在整个技能中的比例是55：38：7。也就是说，55%的肢体语言，来自视觉的身体语言（仪态、姿势、表情）；38%的声音，来自谈话时的声音（语气、声调、速度）；7%的说话内容，来自实际说出来的内容。

这个理论可以用一个公式来总结：

沟通时信息的全部表达=7%内容+38%声音+55%肢体语言。

为了了解这个知识点的含义，我们先来看一张图表，如图2–3所示。

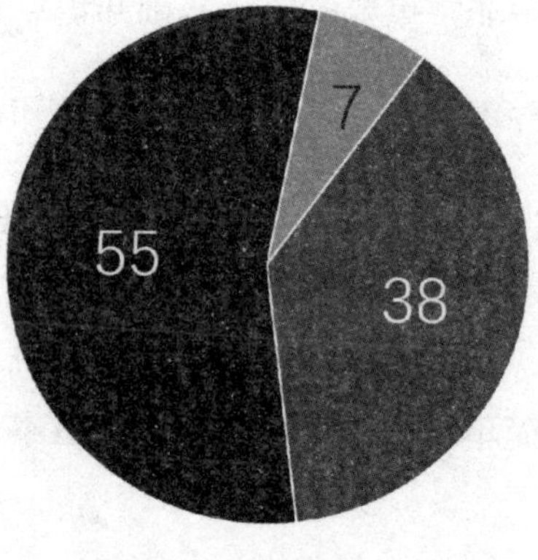

图2–3 “7/38/55”沟通定律

“7/38/55”强调的是沟通过程中的沟通要素组成及其在沟通中发挥的作用。

在我们和别人沟通的过程中，不管沟通对象是谁，决定沟通能否成功，决定沟通过程中有效信息的传达是否到位，决定给彼此的好感度如何，决定对方有没有听明白你介绍的产品、愿不愿意接受，都在于沟通的内容、语气语调和肢体语言等三个因素。

只不过，这三个因素对于沟通成败的影响程度是不一样的。其中，沟通内容的影响程度占比为 7%，语气语调的影响程度占比为 38%，而肢体语言的影响程度占比为 55%。

这就是“7/38/55”定律的基本含义。

对于这三个因素，我相信很多人都认同，而最容易引起质疑的地方是三个要素的占比问题。有些人可能会提出异议：咦，不是写反了吧？说话的内容不是最重要吗，怎么只占到 7%？肢体语言和语气语调为什么比内容的影响程度占比大这么多？

乍一想，好像内容的重要性更符合逻辑。

1. 在“7/38/55”定律中，沟通的语气语调比沟通内容重要

销售人员与客户进行沟通时，说话时的语气非常关键。销售人员要注意讲话的语气，要成为一个会说话的人，充分把握交谈的主动权，促使销售洽谈得以顺利进行。

（1）不卑不亢。销售员的说话语气要做到不卑不亢，不要让客户感觉到你是在求他。那种唯唯诺诺的语气只会传达一种消极的信息给客户，同时也不利于建立自身的专业形象。另外，也不要让客户感觉到你盛气凌人，否则会给客户留下极为不好的印象，即将做成的交易也很可能因此而泡汤。

（2）言语要委婉。不同的措辞会给人以不同的信息，即使想表达同一种意思，积极的言辞与消极的言辞所传递的效果也是不同的。举个例子：

在“我想了解一下你们公司今年打印机的使用情况”这句话中，哪一个词用得不太好？是“了解”。“了解”是谁在获益？当然是询问方。如果将这个词换成“咨询”或“请教”，给客户的感觉就会好得多。

在推销用语中，销售人员讲究言语的委婉，善于运用“我”来代替“你”，尤其是在提出请求和表示反对的时候，就会有助推销工作的顺利进行。

总之，在与客户沟通的过程中，销售人员要时刻注意自己的语气，最好不要用那种推销色彩太浓的语气与顾客交谈，应该以一种朋友的语气和态度与客户进行沟通。

在沟通中，对于沟通效果和实际含义的传达，语气语调要比内容本身更重要，只要语气语调进行了调整，即使是相同的内容，含义也会发生变化。

2. 在“7/38/55”定律中，沟通的肢体语言比语气语调和内容重要

朋友老王出差外地考察项目，因到达目的地已晚，原定的酒店已

满员，只能在附近找民宿住，找到了一个农家院。老板要价比较高，于是老王便与老板砍价，几个回合下来，老板随手点了一支烟递给老张，老王高兴地接了……

不用多说，老王和店老板价格基本谈拢了。这个沟通场景出现“点烟”这个动作，多数情况可以判定老板已经同意了老王的条件，再稍加沟通就能谈成。

当然，表示同意的肢体语言，除了“点烟”这个动作外，还有以下这几个：

用目光注视对方很久，同时不定时地点头；

手指交叉在一起，表示接受你的观点；

上身有转身的意思，但是双脚仍然没有动作；

由咬牙沉思变得表情放松、明朗。

下面，我们再给大家提供几个“微行为”的正确解读：

（1）交流时，客户用指头或手挡住嘴巴，寓意是什么？

解：表示客户希望你停止一下，他有话要说。这时候要主动停止，给客户一个说出想法的机会。

（2）交流时，客户不经意地咬了下手指头，寓意是什么？

解：说明此时客户正在犹豫，乘胜追击，客户或许会接受你的观点。

（3）交流时，客户总在不经意地摸鼻子，寓意什么?

解：这代表客户不相信你说的内容，很不悦。这时候要用诚恳的态度请客户表达一下自己的立场和观点。

（4）交流时，客户不经意地揉了揉眼睛，寓意什么?

正解：观察客户的气色，确定客户不是昨晚没睡好或者眼睛里进了沙子，那么这个动作传达的讯息就是客户反对你的观点，不接受的态度比较强烈。

（5）交流时，客户的手一直插在口袋里，代表什么?

解：表示客户在寻找安全感，你的谈话气氛和自带的气场让客户感到有点紧张。这时候，要先把氛围搞得轻松些。

（6）交流时，客户把手放在下巴或鼻梁。注意，不是摸一下下巴或鼻子，而是放在这两个位置停顿，代表什么?

正解：说明客户正在思考你提的问题，不妨给对方一个思考的时间，不要随意打断。

（7）交流时，客户在耸肩，说明什么?

解：表示藐视和轻视你的观点和意见，无论你再多说什么，客户也听不进去。

（8）交流时，客户拽耳朵，说明什么?

解：客户还不能完全理解你说的内容，只需要再重复一遍就好。

（9）交流时，客户基本不看你，代表什么？

解：如果不是因为你的长相问题，就说明客户不认同你的观点，再继续重复说下去，客户会很生气。

（10）交流时，客户把眼睛闭上，寓意什么？

正解：客户不认可你的观点。这时候你要缓和下气氛，尽快结束谈话。

很多时候，沟通信息的传达，肢体语言比说话内容本身以及语气语调还要重要。

正是因为这个原因，很多人打电话的时候，明明看不见对方，还会用各种习惯性的肢体动作来表达自己的意思，虽然看上去有点傻，但恰恰揭示了我们喜欢用肢体语言来传达信息的客观事实。

这个定律不仅适用于销售工作，还能促进日常生活中沟通能力的提升。

有些人为什么天生讨人喜欢？因为会说话。

有些人为什么天生讨人厌？因为嘴巴比较损。

但这里的“会说话”和“嘴巴损”并不是简单的说话内容本身，更是说话时的语气语调和肢体动作。

相信，很多人都有过这种经历：有一种人，人家没招惹你，你就是看他不顺眼。包括很多人经常挂在嘴边的“我和他气场不和”，“气场”，看不见，摸不着，人家即使没对你说什么，没对你做什么，你就是看他不爽。从“7/38/55”定律的角度来看，对方虽然没对你说什么，但那只是沟通“内容”层面的影响，只占到你对他印象的 7%。你之所以看他不爽，很多时候是因为在沟通过程中他的语气语调、肢体动作，让你感到不舒服，比如，表情、姿势、眼神等。

在实际的门店销售工作中，如何运用“7/38/55”定律，提高客户对你的好感度和销售成功率呢？很简单，既然影响销售高效沟通的因素有三个，只要把这三方面分别做好即可。

（二）销售沟通中的肢体语言管理

在日常工作和生活中，个人的潜意识会促使我们用肢体语言来提升沟通效果，但对于门店来说，很多销售人员反而缺少运用它的意识，会习惯性地把太多的精力放在说话内容本身的打磨上。

那么，在门店销售中，应该如何把握肢体语言呢？归纳起来无外乎四个方面的细节。只要将四个方面都做到位，至少做好了肢体语言这一问题，你的销售行为就不容易丢分，客户对你的印象基本上也不会太差。

个人认为，在门店销售沟通过程中，肢体语言把握的四个要素分别是站位、手势、视线和表情，如图 2–4 所示。

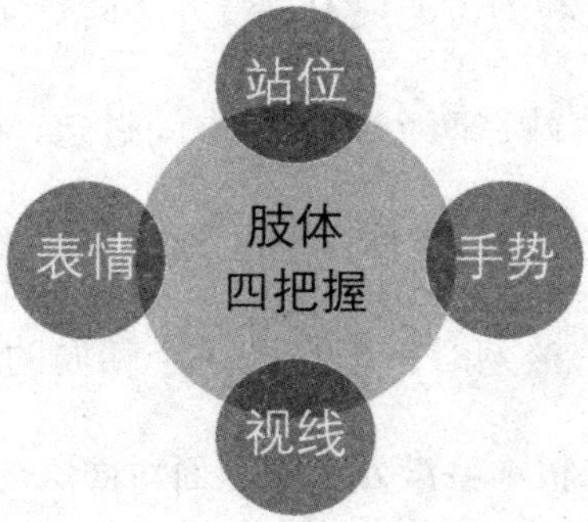

图2–4　肢体语言中的四要素

下面，我们就来看看，这四个因素是如何在门店销售场景中最大化地发挥应有作用的。

1. 销售站位

在产品推荐过程中的站位，门店销售需要做好两方面的工作：一是站的方位；二是站的距离。

（1）站的方位。这个问题最容易被忽略。这里所说的“方位”并不是一个东南西北的概念，更多强调的是在门店销售的场景中的一种相对性方位，是你作为销售人员，作为沟通主体，与沟通对象或客户之间的相对方位。简而言之就是，站在顾客的前面还是后面，左边还是右边，面对面还是背对背？

这里，有几个选项完全可以直接排除，比如，站后边、背对背。在剩下的站位里面，有一个比较简单的，那就是正面对正面，俗称面对面站位，仅从沟通角度来说，这种站位效果就是比较好的。但是，在很多沟通情景中，我们可能根本就没办法面对面站位。

比如，你和顾客站在两个货架的中间过道，过道很窄，面对面会挡住过道；而且，为了介绍产品，你们通常需要面向产品。

再如，你和客户谈判时，坐在同一个朝向的两个独立沙发上，沙发一左一右，坐下来根本就没办法完全面对面。

这里就有个问题：站在或坐在客户的左边和右边有区别吗？很多人可能根本就没有考虑过这个问题。以药店的店员销售为例，可以对比一下两张图片的站位效果，如图 2–5 所示。

图2–5　不同的站位效果

看了两张图片后，你觉得，如果你是图片里面的奶奶，哪种站位会让你感到舒服一点？

在不考虑其他客观条件及环境限制的情况下，其实站在客户的左边和右边只有着微妙的差别。虽然这种差别不太大，但对于像门店销售这样短、平、快的销售形式来说，每个细节都可能对沟通效果和销售结果带来影响，因为门店销售行为的达成是无数个细节共同作用的结果。那么，到底站在顾客的左手边好一些，还是站在顾客的右手边好一些呢？

答案是：通常情况下，站在顾客的左手边，顾客会觉得相对舒服一些。

多数人做事情通常使用的是右手，即使是左撇子，很多事情依然需要用右手来完成。因此，不管是喝茶、拿产品，还是拎东西，使用右手的概率要比左手大很多。而在沟通过程中，右手的这种操作会形成一种遮挡感和屏障感，如果给你推荐产品的人站在你的右边，就容易形成一种很自然的距离感。

更重要的原因是，对于一个人来说，右手还有一个很重要的功能，即右手的力量比左手大，在必要的情况下，要承担自我防备的第一职能，即“自卫”。也就是说，右手更加需要负责保障个人的安全。这和站的方位依然存在一定的关系。正因为右手主要负责安全防卫，所以在我们和别人尤其是陌生人交流的时候，潜意识里通常都希望自己的右边或右手时刻处于灵活状态，保证随时可用。

说到这里，可能有人会质疑：顾客怎么会知道这些知识？如果顾客自己都不知道，我站哪边又有什么意义？顾客虽然不知道，但内心的感受是客观存在的。门店销售的成功率很多时候只在一瞬间，顾客对你好感度的形成和信任度的形成也可能就在一瞬间，影响这一瞬间判断的因素，可能是一个眼神，可能是一个姿势，可能是一句话，也可能是一个字眼。因此，销售站位最好是让沟通对象的右边相对处于灵活放松、随时可用的状态。站在他的左手边，不仅可让他降低心理防线，还能提升对你沟通内容的信任度和接受度。

（2）站的距离。第一准则，不能凑太近，这个问题相对简单，正如刚才说的一个道理，即每个人都有自我防备意识，尤其是对自己完全不认识的陌生人，这种自我防备意识尤为突出。因此，在销售沟通中，站位距离的第一准则是：不要凑太近，尤其要避免和顾客发生肢体上的直接接触。

第二准则，不能离得太远。门店销售的场景基本上是在室内进行的，空间越封闭，距离感也就越明显，如果顾客觉得和你交流就像山头对山头彼此吆喝一样，就无法实现有效沟通。从实战角度来说，常规情况下我个人比较推崇的沟通站位距离是，与沟通对象之间的肩与肩距离保持在30~50cm。从实操角度来说，其实只要跟着感觉走就行。如果非要找个依据，完全可以低一下头，将彼此站立的距离控制在2个脚掌宽度，或抬头看看与肩同宽即可，不用太拘泥于冰冷的数字。

总结来说，门店销售中的销售站位主要需要注意两个层面：距离不能太近，也不能太远，以肩膀距离30~50cm为宜；站位方向以面对面为佳，需要侧身站立时，要尽可能站在沟通对象的左手边，而不是右手边。

2. 销售手势

手势对于沟通和销售的重要性，比站位更加直接、明显和重要。

在分享这个知识点之前，大家先来看看这样几幅图，如图 2–6 所示，看看在销售过程中以下哪些手势不好？

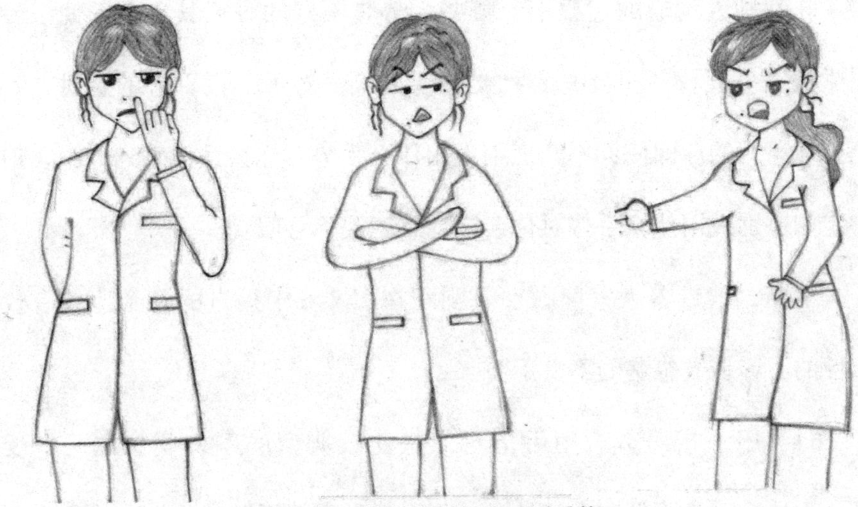

图2–6　销售过程中的不同手势

显然，几个手势都不好！

总的来说，我们可以将销售过程中的沟通手势归为两类，即不良手势和辅助手势。

在门店销售过程中，手势运用的核心思路就是要做到：不良手势尽可能避免，辅助手势尽可能利用。

这些年来，我在和很多连锁门店店员的沟通和观察中，发现手势运用的能力也基本符合“28定律”，即80%的店员知道如何避免不良手势，20%的店员会犯手势错误；而有趣的是，80%的店员不会利用辅助手势，只有不到20%的店员知道运用辅助手势。虽然这个数据并不绝对，但大方向上确实如此。

先来说说不良手势。

在和别人沟通的过程中，哪些手势是不好的呢？其实，即使没专门学过商务礼仪，只要是有社交的普通人，对于不良手势的感触，都是全球通行的。即使你不知道别人用什么手势对你会让你感到舒服，但一定知道别人用什么手势对你会让你感到很不舒服。

下面，就带着大家回顾一下刚刚在图2-6中提过的几个比较有代表性的、容易被忽略的不良手势。

（1）用手指对方。用手指对方是比较典型的不良手势之一，反思一下：自己是否偶尔会犯这种错误？这种手势反映的是一种非常强烈的命令和居高临下的姿态。针对这个手势，有一个很贴切的比喻：当你用一根手指指向别人的时候，是否考虑过你还有三根弯曲的手指是指着自己的。

（2）双手抱胸。在销售沟通中，为何不能双手抱胸？因为，如果沟通对象双手抱胸跟你讲话，你多半都会觉得对方“很拽”。那为什么这个姿势会给人这种拽拽的感觉，或是一种强烈的距离感呢？从心理学角度来分析，当我们用双手抱胸的时候，手的内侧捂住的是身体的哪个部位？相信，多数男同胞都会想到“胸”，而多数女同胞想到的是“心脏”。这里，我要说的是“心脏”。也就是说，当沟通对象对你摆出这个姿势的时候，他的双手是在保护他的心脏，这是一个非常强烈的自我防备意识。同样，如果你双手抱胸走向客户，约等于是在告诉他：“你离我远一点”！

在容易被忽略的不良手势里，以上是比较典型的两个手势，至少我在很多门店都亲自见过。对于其他不良手势在此不再一一详述，因为不良手势是很多人都知道且容易把握的，本书想要和大家分享的重点，其实是辅助手势。因为这才是多数销售人员和沟通主体最容易忽略的部分。

接下来，我们一起来聊聊门店销售中的辅助手势。

正如前面所说，在“7/38/55 沟通定律”里，内容本身给沟通对象带来的影响力，记忆点只占 7%，而肢体语言却占到 55%。因此，我们经常会遇到这样一种情况：当你在苦口婆心、滔滔不绝地和沟通对象阐述你的产品如何好的时候，对方可能根本就没听进去，也许自始至终他脑子里想的都是另外一件事。肢体语言对沟通效果的影响程度占比高达 55%，为什么不用？

当然，通过文字的方式来示范肢体语言表达的效果确实不太方便，现场教授才更直接。

这里我们来做一个场景模拟，请各位发挥自己平时对待另一半时的超强逻辑推理能力来构建画面感。

情景案例：如图 2–7 所示。

图2–7　药店销售向顾客推荐药品

你是一名药店销售人员，想要给顾客推荐一款名为“大山楂颗粒”的药品。该产品和其他“大山楂”产品相比，具有两个核心优势：一个是冷热可冲，溶解更快；另一个是酸酸甜甜，口感更好。

在这种情景下，想象一下，你会如何介绍？

有些人觉得很简单，会直接告诉消费者：“您好，咱们这个大山楂颗粒主要有两个优势，第一……第二……”然后就结束了。你会发现，此刻在你的脑中推荐的画面基本都是你用嘴在跟顾客介绍产品。

很多人可能会心存疑问，介绍产品优势不用嘴难不成还用手啊？其实，不是不用嘴，而是不能只用嘴，否则相当于只做了“7/38/55”定律里的7%，顾客对产品的记忆点就不太明显，甚至根本就不会听你讲话，如果对方刚好急着回家做饭，脑子里很可能想的是“一会回去该给孩子做什么菜？是番茄鸡蛋呢，还是辣椒炒肉？”

其实，这时只要加一个非常小的辅助手势，就能极大地提升顾客对于你陈述内容的关注度和记忆点，基本操作就是：手口并用，具体操作如下：

口：“大爷您好，咱们这个大山楂颗粒主要有两个优势。”

手：在说道“两个优势”的同时，立刻用手指比出一个“二”的手势，展示在患者的视线正前方。不要忽略了这个非常细小的操作。

在实际沟通过程中，仅用嘴说“两个优势”，有时即使说五遍，顾客也不一定能记住，而突然出现在他视线正前方的手势“二”，他一定能记住。

以此类推，很多辅助手势都能促进销售工作的开展。

比如，当你说：“这个产品是所有同类产品中顾客评价最好的。”你就可以用这种手势，如图2-8所示。

图2-8　称赞药品是同类药中顾客评价最好的

当你说：“这个产品展开以后的尺寸能够达到这么长。”你可以用这种手势，如图 2-9 所示。

图2-9　向顾客展示产品展开后的尺寸

当我们描述某产品的成分优势时，应该把产品拿起来，并向顾客清楚地指出成分栏的详细内容。

还有一个很重要的细节就是，推荐产品时，要尽量把产品直接用手递给顾客，让产品出现在顾客手中，再进行讲解和推荐。这样做，好处有以下三点：

第一，肢体的触感能够极大地提升顾客的沟通体验，对于你讲的内容他会更用心听，感受会更加直观；

第二，肢体的触感能够唤起顾客对于产品的归属感，让他觉得这个东西已经属于他了，能有效地提高成交率；

第三，顾客脸皮薄，会觉得这个产品都给我了，再还给对方，好像有点不好意思，疗效也还不错，要不就买了吧。

可见，小小的辅助手势确实能极大地提升门店销售的成功率。

辅助手势对于销售的达成至关重要，灵活运用辅助手势，能够让你的销售工作事半功倍。

3. 销售视线

线下培训的时候，只要说到“视线应该注意什么”的问题，很多人都会异口同声地告诉我：“要看眼睛。”这个答案没错，但是不完整。

首先来说说我在实际门店调研中见过的两种视线把握的极端案例。

第一种是，有些人和客户交流的时候，只忙着讲，而不看客户。比如，销售一款产品，眼睛会一直盯着产品看，天花乱坠地讲一大堆，跟客户没有任何的眼神交流，直到最后将产品全部介绍完，抬头问一句："您买不买？"然后，才会看一眼客户，如图 2-10 所示。

眼睛是心灵的窗户，眼神交流也是沟通的重要方式，没有眼神交流的沟通是没有灵魂的。

图2-10　没有眼神的交流

第二种，和客户沟通时，直勾勾地盯着人家的眼睛一直看，好像生怕不看着对方的眼睛，对方就突然消失了，如图 2-11 所示。

有一次，一个客户迎面走过来和我交流，眼睛一直看着我。他一边讲，我一边退；我一边退，他继续凑上前讲，结果我完全没注意他在讲什么，脑子里面想的都是："他要干吗？我该怎么办？谁来救救我？"

所以，好的视线既不是完全不看眼睛，也不是一直看着眼睛，更不是直勾勾地盯着人家眼睛看。

图2-11 沟通时直勾勾地盯着顾客看

那么，门店销售和沟通过程中，眼神交流应该如何把握呢？其实，归根结底就是两个问题：看哪里？怎么看？

先来说说第一个小问题——看哪里？

这个问题比较简单，接触过沟通礼仪培训的人应该都听过所谓的“大、中、小三角”区域的眼神交流概念；再进行细分，还有公务注视、社交注视、亲密注视等。

回归到门店销售的沟通技巧，大家比较容易模糊的地方在于，沟通时的眼神定位到底应该属于商务注视的范畴，还是社交注视的范畴呢？答案就是，社交注视。也就是说，一定不能将你和顾客的交流定位为谈判或协商，最好定位于就像朋友拉家常的状态。因此，在“看哪里”这个问题上，我建议参照“小三角”。

这里，我们就来聊聊视线交流原则中的“小三角”，大家先来看一张图片，如图 2–12 所示。

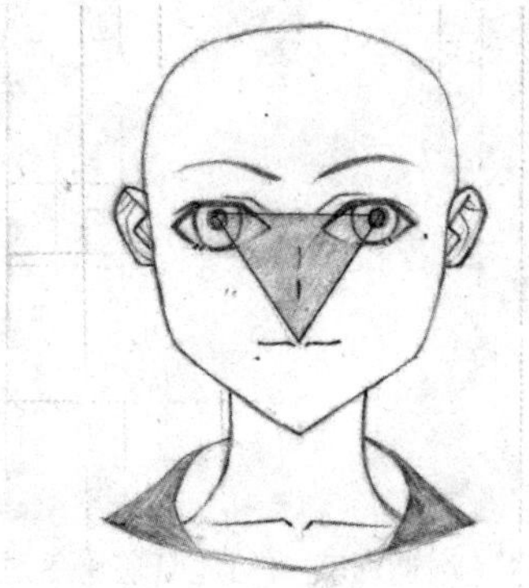

图2–12　视线交流原则中的“小三角”

在图 2–12 中，假如图片里的人物正是你此刻门店销售的沟通对象，把他两眼与鼻子三点相互连接，就会形成一个倒着的三角形，这就是眼神“大、中、小三角”中的“小三角”。和顾客交流的时候，眼神应该往哪里放？既不能盯着眼珠子看，又不能盯着眉毛看，最安全的眼神交流是往这个“倒三角”里面放，让视线以一种相对“游离”的状态停留在这个“倒三角”区域，顾客才会相对更加舒服和容易接受。

说完了“看哪里”，我们再来回答第二个小问题——怎么看？

知道了视线应该停留在倒三角区域，那么，究竟要看多久呢？从销售角度来说，还有一个沟通的关键因素，那就是我们的产品。门店销售中的眼神切换，最好的状态是让眼神在对象“倒三角”区域与推荐产品之间进行。至于眼神停留时间的占比，没必要机械化，否则会显得生硬。如果非要说个时间占比，我认为“倒三角”与产品之间的眼神停留时间分配，大概可以控制在4：6。

这里强调的是“多数”时间，其他地方并不是完全不能看，但要控制时间和注意时机。如果非要看其他地方，可以看的有很多，但不能看的原则却是基本统一的，即不能乱看沟通对象身体的一些部位，要坚持“不上不下”原则。

首先，视线“上不过额头”。也就是说，在沟通过程中，我们的视线不能超过对方的额头。

其次，在“往下”这个视线问题上，比视线往上要难以把握。具体的操作就是，原则上不低于沟通对象的第二个扣子的位置，更不能用视线上下打量别人，否则就是非常不礼貌的。

综合来说，我们可以把销售沟通中的“视线”知识点归纳如下：销售过程中，我们要和顾客有眼神的交流，视线建议在顾客“倒三角”区域和产品之间进行切换，时间分配大概控制在4：6；如果需要看顾客的其他部位，原则上“上不过额头，下不过第二个扣子”。

4. 销售表情

面部表情，是沟通过程中最先反应沟通对象情感变化的要素之一，所以我们经常会听到一句俗话“你的态度都写在脸上了”。这也是对沟通过程中表情重要性的直观体现。

当然，正常来说在一个销售的情境下，一般情况下销售方都不会向顾客流露出过激的表情。那门店销售情境下怎样的表情才是比较好的呢？

首先，就是要微笑。

不可否认，在销售过程中，销售人员是需要微笑的，但微笑不是全部，否则会适得其反，尤其是在一些特殊的门店销售场景里，比如，药店。

微笑不是销售过程中表情管理的唯一标准，更不是最高境界。

在销售沟通过程中，最好的表情管理应该是四个字——感同身受，如图 2-13 所示。

图2-13　销售就要感同身受

在门店销售的表情管理中，“感同身受”的表情就是做到：我因为你的开心而开心，我因为你的痛苦而难过。需要给顾客带来或者说达到的心理暗示是：因为我能感受到你此刻经历的痛苦，才能更好地为你解决问题。

在销售过程中，完全把自己的角色定位为销售人员，把沟通场景定位为销售方与被销售方的关系，是很难走进顾客内心的，更不能站在他的角度来考虑他的需求，销售行为的说服力就会大打折扣。

“感同身受”的表情管理其实就是走进顾客的内心，从“利他”的角度来组织销售。实际操作过程非常简单，举几个例子。

当顾客谈论产品效果很好的时候，心情可能是愉悦的，而你因为能“感同身受”，自然就会露出愉悦的微笑；

当顾客谈论自己身体的痛苦时，心情自然是痛苦的，而你因为能“感同身受”，表情里就会透露出遗憾、关怀和同情，或还会皱着眉头。

这个问题把握起来并不难，在实际销售过程中却常常被人忽视。

（三）销售沟通中的语气语调把握

讲完“7/38/55”定律中的“55%”，现在我们来分析这个“38%”，即在门店销售过程中对语气语调的把握。

在实际的门店销售过程中，在你原有的认知中，你觉得怎样的语气语调才是最好的？

在多年的演讲和培训过程中，我听到最多的答案就是：声音洪亮！

关于语气语调的把握，我觉得有一个规律比较能够说明问题。

即相似相溶规律。

什么叫作“相似相溶规律”呢？

首先，这个规律是一个化学层面的概念，指的是物质在与其组成相似的溶剂中较易溶解，或极性相近的溶质和溶剂相互较易溶解。

其实，不只是化学层面，在人际交往与沟通方面，也存在“相似相溶”的现象？在人际交往与沟通中，人们通常都比较容易接受和喜欢与自己相近或相似的人或事物，这就是人际交往层面的相似相溶规律。

想象一下，身边和你关系最要好的闺蜜或兄弟，如果你俩觉得特别合拍，身上一定有非常多的共同点，也许是家庭情况类似，也许是性格类似，也许是兴趣爱好类似，也许是人生观、价值观类似等。因为相似，所以相溶，这就是人心、人性层面的相似相溶。

在我们中国文化中也有许多对“相对相溶”这一规律在人际交往沟通方面的经典表达，比如，成语有言“惺惺相惜”，古语有云“物以类聚人以群分”“近朱者赤近墨者黑”等。

销售沟通过程中的语气语调，我认为只要做到“相似相溶”就可以了。

那么，如何理解语气语调的相似相溶呢？答案就是，学客户说话吗？但要掌握技巧和分寸。简单粗暴地模仿沟通对象讲话的方式，不仅效果不好，还容易适得其反。

既然不是简单的模仿，那如何把握“相似”呢？

这里和大家分享一种简单实用的方法，是聂老师在多年的一线工作经验中总结出来的，姑且把它称为“聂氏十字语音相似法”。

大家一起来看这个图片，如图 2-14 所示。

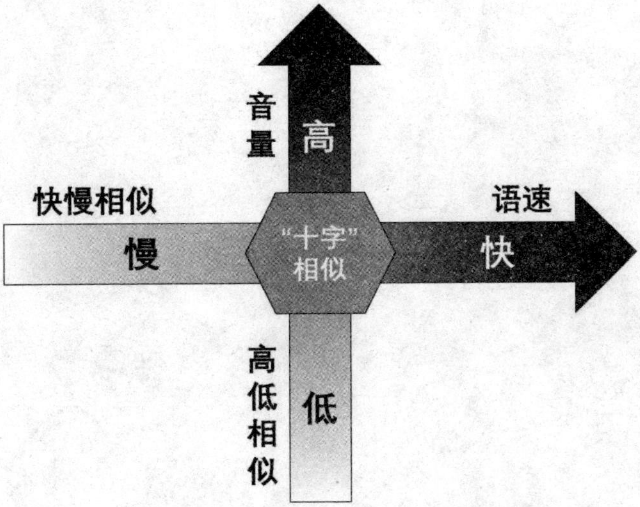

图2-14　语气语调的十字相似

在这幅图中，有一个大大的“十字”，如果从数学的角度来讲，也可以理解为横坐标和纵坐标。横坐标代表语气语调中语速的快慢，左为慢，右为快；纵坐标代表语气语调中音量的高低，下为低，上为高。所谓的语气语调的“十字相似”，就是在销售沟通过程中，从语气语调的层面做好与沟通对象之间的语速快慢的相似和音量高低的相似。

为了便于理解和感受，我们来举两个例子。

请大家先来看一组图片，如图 2-15 所示。

图2-15　不同语速的人

根据自己的生活常识来判断，如果需要在上图的四个人中挑出一个你认为语速相对慢的，你会选哪一个？

相信，多数人都会选图中那个拿着拐杖的老人，一般老人的讲话语速会相对慢一些。因此，在实际的门店销售场景中，如果沟通对象是一位老人，就要有意识地在语速上和他接近，慢慢地讲，老人家对你的接受度就会增加。

反过来，哪些人讲话语速比较快呢？一般来说年轻有活力的、思维敏捷的、才华横溢的人，语速通常比较快。给年轻人介绍产品时，就要干净利落、简明扼要。

所以，在语气语调的“聂氏十字语音相似法”中，横坐标就是语速的相似，顾客快你就快，他慢你就慢，要做到语速与顾客的“相似”，这是第一个层面。

说完横坐标，现在来说说纵坐标，即音量高低的问题。

和讲话声音比较洪亮的人沟通时，要想提高说服力，就要适当地将你的音量提高到和他的讲话音量相接近的时候。如果音量比较小，会给人一种不自信、心虚的沟通感觉，不利于获得对方的信任。

那反过来，哪些人讲话的音量比较小呢？一般来说，性格内向而胆小的人说话的音量会比较小。比如，性格内向的小女生，讲话音量通常就比较小，如果你是一个药店的店员，而一个刚好生理期不舒服的小女生，走进药店买药，她问："我大姨妈来了，肚子好痛，你看吃点什么药？"你冲过去声音洪亮地说："你好，肚子疼是吧？"会显得缺乏人情味和关怀感。那么，这时候该如何体现出关怀呢？很简单，只要调整一下说话音量即可。只要把自己的音量调整到和小女生接近，沟通效果就能立马提升一个档次。

所以，在语气语调的"聂氏十字语音相似法"中，纵坐标就是音量的相似，顾客的音量高你就高，他低你就低。

当然，相似相溶规律除了用在语气语调上，对于其他销售环节也非常有用。比如，你去拜访一位公司老总，进入他的办公室后，发现他的办公桌上摆着一张小孩的照片，如果你家里刚好有年龄差不多的孩子，就可以将孩子的话题作为切入点。只要你情商不太低，你们俩多半会有一个相对愉快的对话，因为"相似相溶"。同样的道理，如果看到办公室放着一双球鞋，运动方面的话题也可能有助于你打开局面。

（四）销售沟通过程中的内容把握

其实，严格意义上来说，沟通内容放在后面的成交话术部分来进行分享更合适。那为什么现在要提呢？因为在后面的成交话术部分，我们更多的是会从销售技巧层面来探讨说的"内容"，而此刻我们只是单纯地从"7/38/55"定律的角度、从高效沟通的角度来分析沟通技巧层面的内容把握。

当然，即使只是从高效沟通的角度来分析，这个“内容”的范围依然很广，可以切入的点太多，把握不好，反而不便于落地和实操。同样，我也不想在这个部分占用太多的篇幅，因为后面还要讲营销话术，所以这里我们只分享一个销售高效沟通中很简单却也容易被忽视或很多人不屑于使用的知识点——赞美顾客。

在对门店销售这一沟通场景的内容的把握上，赞美是很重要的原则，大家要学会运用“赞美”。

其实，不只是门店销售，即使是在日常生活中，也要学会运用赞美。

相信很多人都有这样一种体会，即对于一些很诚恳的赞美，即使是五年以前、十年以前的事，人们依然记忆犹新，且对赞美的人心存感念。

再来说门店销售。门店销售的沟通过程非常短，把握沟通的肢体语言和语气语调后，留给我们增加顾客好印象的机会点已经不多，这时候最“经济实惠”且效果很好的一种增进好感度、拉近距离的方式就是简单且恰当的一句赞美。

当然，赞美他人也需要掌握很多细节和原则，尤其是当你和沟通对象存在利益关系的时候，更要把握好其中的度。

对赞美细节的把握一方面体现在内容上，一方面体现在程度上，不能听上去好像在赞美对方，却让对方感到很不舒服，或觉得尴尬，或觉得讽刺。而要想避免这种情况的发生，就要注意赞美他人的三个基本原则：第一，赞美他人需要客观公正；第二，赞美他人需要内容具体；第三，赞美他人需要恰如其分。具体如何操作呢？

1. 赞美的“客观公正”

简单来说，就是你所赞美的内容一定要与对象的实际情况相近或相符。

举个例子，见过聂老师本人的人一般都知道我的相貌特征，由于青春发育期内分泌调节不当的原因，我的面部曾经患过严重的皮肤炎症，简单来说就是青春痘。形象一点来说，现在我的脸部皮肤完全具备月球表面的凸凹感。如果我去门店买东西，销售员走过来热情地“赞美”一句：“哇，帅哥你皮肤真好。”这种赞美就是所谓的“不客观公正”。

尤其是在面对顾客的一些体型缺陷、相貌缺陷时，能够符合实际合理地进行客观公正的赞美显得尤为重要。

2. 赞美的“内容具体”

不具体的赞美比较容易给人以困惑、遐想的空间，也容易给人以敷衍或带有功利目的性的体验，显得不够真诚。如果对方是个陌生人，在沟通和销售的情境下，这种内容不够具体的赞美会让人觉得你是在拍马屁。

什么叫作“内容具体”呢？就是你夸我“好”，那我到底是哪里好？得具体说出来。是皮肤好？身材好？气质好？有文化？有涵养？够幽默？……总之，要具体一点。

另外，在内容具体的基础上，赞美他人还要把握一个原则：多赞美客观，少赞美主观。

所谓赞美客观，就是多说对象本身客观存在的特质；所谓主观，就是可以随着个人喜好和情境的变化而变化的特质。举几个例子。

身材好，皮肤好——这些都是对象本身具备的，是客观存在因素的赞美，这些赞美可以多说。

衣服好看，鞋子不错——这些都是对主观外在因素的赞美，这些赞美需要注意。

通常，“赞美客观”比较容易获得对方好感度，“赞美主观”有时会存在一些风险，尤其是你所赞美的主观因素和对象的另外一些客观因素存在冲突的时候。

3. 赞美得“恰如其分”

所谓赞美的“恰如其分”，简单来说就是把握好赞美的程度，不多不少，点到为止。

在这个部分，多数人喜欢犯一个错误那就是：话太多。

赞美得到对方很好的回应时，很多人的惯性思维就是：我要继续说，让客户更高兴，但是物极必反！过多地赞美顾客，会给人一种极其明显的带有功利性目的的体验，对于销售的达成并非好事。

我认为，销售过程中的赞美，尤其是门店销售的赞美，最好的度就是"一句话赞美"。

比如，"哇，姐姐，你皮肤真好"，然后，就不要再往下赞美了，该介绍产品你就介绍产品，该询问需求你就询问需求……该说啥就说啥，一定要让对方感觉你好像赞美了她，并且好像是那种无意之间发自肺腑的真诚的赞美，不带目的性。因为，只有这样，她的内心体验才是最舒服的，这就是所谓的"恰如其分"。

总之，赞美的三个基本原则总结起来可以用一句话形容，那就是：赞美是很珍贵的礼物，不用你花钱购买，却可以多用来送人和使人开心，赞美是非常好的生活调味剂。

很多人可能会说："我也想说点好听的，却不知从何开口。"其实，这里有个非常实用的小技巧，就是从改变一个说话的习惯开始：当你想说"但是"的时候，尝试把它换成"同时"。掌握了这个方法，你会收到意想不到的沟通效果。

为什么呢？先来看看这两个词的区别。"但是"表达的是转折关系，而“同时”表达的则是递进关系。也就是说，前一个是否定词，后一个是肯定词。这就如同“批评”和“赞美”的区别。设想一个工作中最常遇到的情况：

领导突然找你谈话，说：“小李呀，你上个月业绩做得很不错哦，但是……”只要听到“但是”，你一定知道接下来要有不好的事情发生了。其实，用赞美的方式也可以让对方认识到自己的问题，怎么实现呢？比如，我说：“小钟啊，你上个月数据做得特别好，同时把工作计划弄得再规范一些，肯定会更棒。”其实，对于“同时”和“但是”，最实用的场景并非工作，而是家庭生活。一个简单的调整，或许能给你的家庭生活带来想象不到的好处。无论是与孩子相处，还是与另一半相处，都适用。

（五）“7/38/55”定律的知识延伸

在日常工作中，很多人都心存一个小困惑，那就是：为什么在沟通中，能够面对面谈的事情，尽量不要打电话；能够打电话说的事情，尽量不要发信息？

其实，通过“7/38/55”定律就可以完整地解释这个问题。

1. 能打电话，尽量不发信息

“发信息”这种沟通方式，只能把“内容”这种文字语言上的信息传递给对方，没有语气语调和肢体语言这些重要的非文字语言类信息的辅助，沟通效果比较差；而且，发信息形成书面文字，脱离语境后，很容易让人产生误会。

以家人沟通为例。

家人见面一次，就会留下一些回忆和念想，下次见面，可能就是遥遥无期的等待。虽说现在网络发达，不在微信圈里相遇，还可能在抖音里遇见，但是隔着屏幕，看不到表情，也听不到声音，再加上时间和距离的间隔，原本熟悉的人也会慢慢变得陌生。

人们总有一种假象，以为只要看到对方的动态，看到他的更新，就能知道他的情况。实际上，这种实时在线的假象，反而会拉大人与人之间的距离感。当人们习惯了利用信息来更新动态，习惯了通过信息了解别人的动态时，回到现实世界，就懒得和本人打招呼了，甚至懒得打个电话问候一声，遇到事情，只要发条信息即可。

但大量事实告诉我们，人与人之间情感的维系，最好是面对面的交流。如果确实因为一些原因无法见面，打个电话，听个声音，表示一下关心，也会增进彼此的感情。朋友之间，要想维系感情，定期的交流少不了；亲人之间，要想关系和睦，定期的通话也少不了。到了特定的时间，打个问候的电话，这不是什么难的事情。

比如，给朋友打个电话，沟通一些事情。

周末吃完早饭，快到10点，拨通朋友的电话，说："老李，今天周末，在家休息吗？"

老李说："对，我刚起床，周末就要补补觉。你还在外面出差吗？"

听他的语气，我觉得他很开心，告诉他，我已经回来了。然后，我问他，周日XX结婚，几点去？他告诉我时间。我说，咱俩可以一起走。他说可以。接着，我俩又简单聊了几句，约定了第二天见面的时间和地点。最后，才挂了电话。

遇到这种事情，很多人都会简单地发一条短信，这样做也不是不可，但总不如直接打个电话，听听对方的声音，效果好。

能打电话时，就不要发微信。

2. 能面对面，尽量不打电话

发现有效沟通的方法，斯坦福大学曾针对沟通过程中的信息传递做了一次详细研究。结果表明，不同的媒介对沟通偏差和沟通效率有很大的影响。两个人面对面进行交流，在信息传递的过程中基本上会损失10%的意思；通过电话语音交流，大约会损失30%的意思；通过互联网的即时软件互发文字，平均会损失约40%的意思；通过邮件交流，平均会损失超过50%的意思。正是因为这个原因，让SNS或移动通信软件成了很多沟通矛盾的来源。

在工作中，很多人会用邮件或微信进行沟通。使用这种沟通方式，交流者无法感受到彼此的表情和语气，很容易出现意见分歧。因此，即使是在通信技术非常发达的今天，在谈论重要话题时仍然要坚持面对面沟通。

通过面对面沟通，我们可以看到对方的表情，感受到他们的语气。表情和肢体语言是构成表达的重要组成部分，看不见肢体语言和表情的交流很有可能让信息“变味”，因为倾听者会在获取信息时加入主观理解。

主观理解会造成信息偏差，而媒介的不同会影响偏差的程度。从沟通效果来看，面对面沟通导致的信息偏差最少。所以，与人沟通，能通过面对面沟通完成的交流，一定不要采用其他方式。不要因为偷懒而使用微信，因为这很有可能导致沟通无效。

能面对面做的沟通，坚决不用电话，尤其是事关重大的对话！

最后，再举一个最简单的例子。

有人向你问路。如果是面对面，你只要抬起手来一指说“那边”，问题就解决了；而打电话问路，你还得搞清楚东南西北、前后左右等各种方向、方位和参照物。两人面对面，我们就能从内容、语气语调、肢体语言等方面进行系统而全面的沟通，沟通效果自然是最好的。

如果因为客观因素，彼此没机会见面，只能发信息，建议各位在发送文字信息内容的时候，一定要养成一个良好的习惯：多添加“表情”图标。因为“表情”图标在很大程度上承担了肢体语言这项信息的作用，对于文字类信息内容的理解和情感传递至关重要。

（六）魔鬼“7”定律的含义和运用

这个标题听起来有点复杂，其实定律本身较简单，主要解决的是日常沟通或销售沟通中经常遇到的问题。而该问题又常见于话比较多的人群。

前面，我们一直在探讨内容怎么“说”，其实除了“说”的内容，还需注意说的“度”。中国传统文化教育我们做事要懂得恰到好处，不能太少，也不能太多，讲话也一样。但是，话多不多很难用一个标准来衡量，只跟听众的主观意识有一定的关系。

每个人的评判标准都不一样，那么，究竟该如何把握说话的“度”呢？从大的范围确实不好规范度量，只能从具体的类型来探讨多与少的问题。

比如，在推销产品的过程中，介绍产品时说多少话比较合适呢？相对来说，这类问题是具体而规范的，因为我们的内容需要确保沟通对象能够听得懂、记得住，且不觉得反感。

基于这个具体化的问题，就可以引入另外一个有助于高效沟通的定律——魔鬼“7”定律。

“7”这个数字究竟有什么特别之处？我们先来做一个小实验。

下面有一列数字，请大家打开手机里的计时器，用30秒的时间记住这串数字，到时间后，合上书本，用手机或纸笔默写出下面这列数字。

各位，准备，开始：

3、8、2、7、2、6、1、3、0、2、8、1、8、0

做完这个小实验后，继续读后面的内容。

有人可能会问，这串数字有什么特别的含义吗？答案是：没有！这串数字是我在键盘上随便敲的。因为数字并不是我的实验目的，对大家记得是对是错也无关紧要，真正的目的是让大家检验自己记住这串数字的方法。这就跟下面要讲的魔鬼“7”定律有关了。

现在，大家一起来回顾这串数字。想想看，你在记忆的时候，是如何来分段记忆的？最常见的方法无外乎这样几种：

3827　　2613　　0281　　80

38272　　61302　　8180

有人会这样拆分记忆：3827261 3028180

如果你是这样的，说明你的记忆力着实超群。普通人采取的基本上都是前两种记忆方式，即以3个、4个或5个数字为一段，进行分段记忆。

其实，仔细观察就会发现，按3个、4个、5个甚至6个数字来拆分记忆，难度差别不是很大；而按照7个及以上的数字来拆分记忆，难度就会呈几何倍的增长。因为，“7”是个坎，即“7”比较“魔鬼”。比如，管理公司时，如果上级直接管理的人数达到7个或以上，一般都比较容易出现问题，这就是所谓的魔鬼“7”定律在作怪！即普通人很难一次性记住7个以上、7位以上的对象。

这个规律可以运用到很多地方和场景，比如，介绍产品卖点，要尽可能地聚焦和精炼，把产品的卖点描述到7个甚至更多，顾客可能一个也记不住。同样，该规律还适用于生产企业总结产品卖点时。另外，如果需要向领导汇报工作，也要尽可能地确保汇报内容不达到或超过7个方面，如果内容实在太多，可以将其合并。

当然，凡事都有两面性，按照魔鬼“7”定律，我们不一定都需要规避超过“7”的东西，也有值得思考和运用的地方。比如，记忆一件事、一些知识点，重复记忆4遍、5遍、6遍，记忆的效果可能差别不是很大，但只要往前再坚持一步，重复到7遍后，多半都能深刻记忆了。这也是魔鬼“7”定律可以把握且有利的地方。

三、门店高效沟通的争议处理

前面提到的高效沟通，定位在如何让沟通过程变得更融洽，关注的是沟通的“增量”或“加法”。但是我们不得不考虑或不得不面对的一个现实问题是，并非所有的销售沟通都能在融洽的基础上展开。销售过程中，总会遇到不讲道理的、胡搅蛮缠的顾客，那我们应该如何来处理其中的“争议”问题呢？

下面，我们一起来探讨一下这种沟通中的“减法”问题。

（一）争议处理的目的

对于交易而言，没有什么比忽略客户的异议直到最后才处理更危险的了。客户持有异议的时间越长，通常该意见就越强，您将付出更大的代价去回应。

这里，我们要讨论的是在原因明确的情况下、并非顾客单方面无理取闹的情况下发生的争议。门店不一定是过错方，即使只是单纯地有误解、沟通不到位等，都可能导致争议的发生。这时候，只有处理好争议，才能赢得顾客，才有利于门店的发展。

一般情况下，线下实体门店销售的影响范围都具有典型的区域性。正所谓“好事不出门，坏事传千里”，一定要重视门店销售沟通中的争议处理，以免因小失大。

任何不当的争议处理都可能引发顾客的反感，甚至将这个不好的体验传递给另外 10 个人；如果顾客将这件事发到业主群或朋友圈，更不会造成不可估量的负面影响。而且，在传递的时候，顾客还会加重门店的“罪行”；如果他所传递的对象，多数都在门店的目标区域内，问题就更严重了；如果他是你的目标客户，他的圈子多数也是你的目标客户群，那是最最要命的。

从门店销售服务的角度来说，不要总把类似“不争馒头，争口气”这种说法挂在嘴边，更不要妄想“身正不怕影子斜”，因为在传递信息的时候，事情本身的客观情况并不重要，因为多数人都倾向于相信倾诉者的陈述内容，越是亲近之人的倾诉，这种倾向越明显。这就是“舆论”的影响力。

要想很好地处理争议，一定要了解清楚，在争议的过程中，顾客到底和你在“争”什么东西？从顾客角度来说，多数情况是：我要里子，或我要面子。

把握这一点，就能很好地总结出争议处理的基本原则和方法。

（二）争议处理的步骤

多年的一线实践经验告诉我，门店销售的争议处理，要把握好以下两个步骤。

第一步，坐下来，慢慢谈。

这个处理步骤一共包括四个重要因素，分别是环境安静、周围没人、重心降低、语速放慢。

（1）环境安静。所谓“环境安静”，是指在发生争议的时候，首先要尽可能地把顾客带到安静的场所。因为环境嘈杂，你们之间的争论必须用很大的音量来支撑，会加剧矛盾的恶化，让周围的环境安静下来，再配合有效的引导，彼此争论的音量就可能降低，音量降低了，气也就消了一半。

（2）周围没人。所谓“周围没人”，是指发生争议的时候，要尽可能地把顾客带到没人的地方。因为除了争议的事情本身，往往都是“既然气氛已经烘托到那儿了，不吵也得吵”。在很多当事人心里，面子可能比里子更重要，周围很多人都在“见证”你们的争论，多数顾客会想：这么多人看着，即使我没道理，也要骂过你。面子是做给旁人看的，人都没了，还要什么面子？所以，只有到了没人的地方，才能抛开“面子”问题，就事论事。

（3）重心降低。“重心降低”，是“坐下来”的目的。因为重心越高，越觉得自己气势高；气势越高，吵得越激烈。只有“坐下来”，才能把身体的“重心降低”，让气势降下来，自然也就吵不起来了。

（4）语速放慢。其实，也就是前面所说的“慢慢谈”的目的。

第二步，回应客观，不回应主观。

大家想一下：同事之间的争吵，邻里之间的骂战，是怎么发展起来的？多数步骤都是：先争论事情本身，然后变成人身攻击，再严重就打起来了。为什么？多数原因是，争吵双方的主观、客观都回应，随着争论的加剧，回应还会变得越来越主观。

举两个例子，大家一起来看看：

例子一：

顾客说：“你们药店卖的都是假药，我吃了这个药，肚子拉了100次了，你们是要谋财害命吗？”

例子二：

记者说：“每年都有无数可怜的、可爱的狗狗，被万恶的狗贩子无情地、残忍地杀害了！”

以上两个例子，都是主观和客观交织的表达方式。

其实，这两个例子客观上说了两件事，分别是：

我吃了你们药店卖的药，拉肚子了。

每年都有很多狗，被狗贩子杀害。

那么，哪些是主观表达呢？“你们药店卖的都是假药”“你们是要谋财害命”“可怜的”“可爱的”“万恶的”“无情地”“残忍地”等都是主观表达。争议处理的一个核心原则就是，只回应客观部分，不回应主观部分。

同样是前面的例子中，顾客说：“你们药店卖的都是假药，我吃了这个药拉肚子都拉了100次了，你们是要谋财害命吗？”回应顾客的主观感受，店员很可能就会说“你才是卖假药的！”“你才是谋财害命！”事态的发展可想而知。

处理争议的正确方式是，只回应顾客讲话内容中的客观部分，即顾客吃了药拉肚子，询问并找出他拉肚子的真正原因，然后再针对这个客观事实进行回应和处理，不去回应其他主观表达。这就是所谓的“回应客观，不回应主观”。

（三）争议处理的方法

1. 转折处理法

转折处理法，是推销工作的常用方法，即销售人员根据有关事实和理由来间接否定顾客的意见。应用这种方法，首先要承认顾客的看法有一定道理，也就是向顾客做出一定让步，然后再讲出自己的看法。此法一旦使用不当，可能会让顾客提出更多的意见。

在使用过程中要尽可能地少用“但是”一词，而实际交谈中却包含着“但是”的意见，这样效果会更好。只要灵活掌握这种方法，就会保持良好的洽谈气氛，为谈话留有余地。

如果顾客说，推销的服装颜色过时了。这时，销售人员不妨这样回答：“小姐，您的记忆力确实不错，这种颜色几年前已经流行过了。我想您是知道的，服装的潮流是轮回的，如今又有了这种颜色回潮的迹象。”这样，就轻松地反驳了顾客的意见。

2. 转化处理法

转化处理法，是利用顾客的反对意见自身来处理。顾客的反对意见往往都具有双重属性，既是交易的障碍，又是一次交易机会。销售人员要利用其积极因素去抵消其消极因素，将顾客的反对意见转化为肯定意见。不过，使用这种方法时，一定要讲究礼仪，而不能伤害顾客的感情。此法通常不适用于与成交有关的或敏感性的反对意见。

3. 以优补劣法

以优补劣法，又叫补偿法。如果顾客的反对意见确实切中了产品或服务中的缺陷，不要直接回避或否定。明智的方法是：先肯定缺点，然后淡化处理，利用产品的优点来补偿甚至抵消这些缺点。如此，既可以使顾客的心理达到一定程度的平衡，还有利于使顾客作出购买决策。

如果推销的产品质量确实有问题，而顾客恰恰提出："这东西质量不好。"销售人员可以从容地告诉他："这种产品的质量的确有点问题，所以我们才降价处理。不但价格优惠很多，我们还确保这种产品质量不会影响使用效果。"

这样，既能打消顾客的疑虑，又能以价格优势激励顾客购买。

这种方法侧重于心理上对顾客的补偿，以便使顾客获得心理平衡感。

4. 委婉处理法

如果还不确定如何答复顾客的反对意见，销售人员可以先用委婉的语气把对方的反对意见重复一遍，或用自己的话复述一遍，削弱对方的气势。

有时转换一种说法，可以让问题容易回答得多，但只能减弱而不能改变顾客的看法，否则顾客会认为你歪曲他的意见而产生不满。

销售人员可以在复述之后问一下："你认为这种说法确切吗？"然后再继续下文，以求得顾客的认可。如果顾客抱怨"价格比去年高多了，怎么涨幅这么高。"销售人员可以说："是啊，价格比起前一年确实高了一些。"然后再等顾客的下文。

5. 合并意见法

合并意见法，是将顾客的几种意见汇总成一个意见，或者把顾客的反对意见集中在一个时间讨论。总之，就是要起到削弱反对意见对顾客所产生的影响。但是，不能在一个反对意见上纠缠不清，因为人们的思维有连带性，会由一个意见派生出许多反对意见，要想解决这个问题，就要在回答了顾客的反对意见后立刻将话题移开。

6. 反驳法

反驳法，是指销售人员根据事实直接否定顾客异议。从理论上来说，这种方法应该尽量避免，因为容易使气氛僵化而不友好，使顾客产生敌对心理，不利于顾客接纳销售人员的意见。但如果顾客的反对意见是产生于对产品的误解，而你手头的资料可以帮助你说明问题，完全可以直言不讳。但要注意，态度一定要友好而温和，最好引经据典，提高说服力，同时让顾客感到你的信心，增强对产品的信心。

当然，反驳法也有不足之处，比如，容易增加顾客的心理压力，甚至还会伤害顾客的自尊心和自信心，不利于成交。

第三章
常用成交话术

在销售的过程中，你有没有遇到过这样的问题：顾客在你店里试衣服，衣服很合身，顾客也表示很喜欢，但正当你觉得这一单“稳了”的时候，顾客却说出各种理由来拒绝购买。为什么会发生这样的情况呢？顾客说的理由是真的吗？

销售是一种以结果论英雄的游戏，销售就是要成交。没有成交，再好的销售过程也只能是风花雪月。而要想实现成交，就要掌握常用的销售成交话术。

一、FABE产品推介法详解

FABE 推销法是非常典型的利益推销法，是一种非常具体的、具有高度可操作性的利益推销法。它可以通过四个关键环节，巧妙地处理好顾客关心的问题，顺利实现产品销售。

（一）FABE 产品推介法

FABE 的理论最早是由郭昆漠教授总结出来，这种方法通过四个关键环节，极为巧妙地处理好了顾客关心的问题，能顺利地实现产品的销售。

在下图 3–1 中，我们可以看到：一个卖烤鱼的小摊、一只猫，以及一个孩子，可以想象出这样一副场景：

有个活泼可爱的孩子走在路上，突然发现路边有一只被人遗弃的小猫咪，非常可怜，似乎快要饿死了。他摸摸自己的裤兜，发现里面有

10元钱，为了救这只小猫，他将这10元钱递了过去。

图3–1　一张让人无法琢磨的图

看到这里，很多人心里可能会立刻冒出这样的念头："这孩子是不是脑子有点傻？"正常人都知道，你把钱给猫，猫绝对不会回应你，因为它根本就不知道这是什么东西，也不明白你在干吗。

这个故事有点可笑，但更可笑的是，在现实的门店销售场景中，很多销售人员总会扮演这种"好心人"的角色，将客户当成猫。虽然你介绍的产品可能确实不错，也是客户需要的，但采用了对方无法理解的沟通陈述方式，就如同你给"猫"递过去"10元钱"。

在销售沟通中，店员应该时刻注意"以谁的需求为主"这个问题。有利于成交的沟通心态不是"我觉得好"，而是"你需要它"。当然也要明白，并不是这“10元钱”不好，而是“猫”不懂它的价值，不会使用。

那么，如何才能让“猫”明白你的好心呢？你得拿着这“10元钱”到旁边卖烤鱼的商铺去买“一条鱼”，然后把“这条鱼”摆在“猫”的面前，“猫”才能知道：“有鱼吃了，我不会饿死。”这里，“猫”真正需要的是“一条鱼”而不是“10元钱”。只不过它不知道的是，这“一条鱼”也是从这“10元钱”转换得来的，救它命的还是这“10元钱”。

这就是FABE产品推介法所要传递的核心关键词，叫作“转化”。把“10元钱”的本质和作用转化成“一条鱼”的切实可见的好处，然后交给需要的人，即把“我觉得好”转化为“你需要它”。

在现实生活中，很多人都亲身经历过这样的销售场景。比如：

你去售楼中心买房子，销售顾问告诉你，这个楼盘的容积率是3；

你去药店买药，店员告诉你，这种三七粉颗粒细度为1200目；

你去电器商城买洗衣机，销售人员告诉你，这款洗衣机是10段水位调节……

作为一个非专业的消费者，听到以上这些带有专业性概念的陈述，只会觉得店员很厉害，根本就不知道这些数字对自己的实际生活有什么好处。所以，容积率3、细度1200目、10段水位调节等对产品的描述，就如同前面案例中的“10元钱”而不是“一条鱼”，顾客就是案例中的

“猫”。那么，什么才是顾客心目中的“一条鱼”呢？

所谓“一条鱼”，其实就是顾客真正能够感受到的对他的“好处”或“需求”。

房子“容积率 3”对应的“好处”可以是“适合散步健身，安静不吵闹”等；

三七粉细度“1200 目”对应的“好处”可以是“细度不到毛孔的 1/3，吸收效果非常突出”等；

洗衣机“10 段水位调节”对应的“好处”可以是“比起普通洗衣机至少可以节约用水 30% 以上”等。

FABE 的核心就是“转化”，把产品的特点转化为它的优点和能给顾客带来的好处，转化为能满足顾客的实际直观需求。所以，在销售过程中描述产品的时候，为了提高说服力，既要有这“10 元钱”，更要把它换成“一条鱼”。

现在让我们一起来看看，究竟什么是“FABE”产品推介法？

F、A、B、E 这四个字母代表四个单词，同时对应着销售推荐过程中产品推荐的四个步骤，分别对应如下。

F（features）：产品的特征。描述的是产品在材质、工艺、原料等各方面内在地有别于其他产品的独特性质。

A（advantages）：产品的优点。描述的是由“F”的特性所带来的功能优势，是更安全、更有效、更高档，还有更体贴等。

B（benefits）：能给客户带来的好处或者利益。描述的是产品的特性和优点对于顾客实际需求的满足，对于顾客欲望、体验的满足。

E（evidence）：相对应的证据。描述的是有什么客观性的、权威性的、可靠的材料或案例证明前面所描述的真实非虚。

FABE 更多强调的是一种逻辑严谨的产品介绍方式。也就是说，给客户推荐产品、进行销售的时候，不管对方关心何种问题、提出何种疑问，理论上来说，只要使用这四句话，基本上就可以解决他的疑问，同时也足够把你想要陈述的产品核心优势和卖点讲清楚。这四句话分别是产品的 F、A、B、E。只要讲完了四句话，一个小的沟通过程也就完成了，没必要在同一个问题上继续、重复和解释更多，耗费更多的话语。

这一点对于我们一直强调的短、平、快的门店销售来说，尤为重要。

这里需要补充的是，很多人比较容易把 F 和 A 混淆，感觉产品的“特征”和“优点”是同样的意思。其实，只要使用一个简单的方式，就能区分这两个概念，比如，房子的“容积率 3”是这个楼盘的“特征”，“居住舒适度高”才是这个特征带来的“优点”；中药颗粒“1200 目”是这个药品的“特征”，而“吸收效果好”就是特征带来的“优点”。

这就是 F 和 A 两者的区别所在。产品“特点”和“优点”，并不是同一个问题，对于产品介绍来说，二者都是不容忽视的因素，都很关键。

为了便于大家理解这两个概念的关系，最简单的方式就是把“F”和“A”，按“因”和“果”关系来理解，可以直接运用到实际销售中，也可以直接采用“因为……所以……”的句式来陈述产品的“F”和“A”。

对于刚刚入门的人来说，为了练习“FABE”，初期可以简单地按照如下句式来进行学习和练习：

因为（F）这个产品……所以（A）它……

对您来说（B）……您看（E）……

总的来说，FABE 的核心就是，教大家如何用简单的几句话，高效地向顾客传达产品卖点，并让顾客明白这个卖点正好是他所需要的；同时，你还要有证据能够证明你说的话是有依据的，不是瞎编乱造的。

（二）F——找准产品特征

“F”指的是，产品最基本的特质、功能属性，还有它能通过怎样的方式来满足顾客的真实需求。毋庸置疑，每个产品都拥有自己的功能，否则也就没有存在价值了。

通常情况下，销售人员对产品的常规功能都有基本的认识。但对于产品的潜在价值，很多人都没能挖掘出来，更没有多少人能找到非常容易忽略的产品特性。如果能把产品的特质深度挖掘出来，并让顾客觉得这是“情理之中，意料之外”的特点，就可以顺利地展开下一步工作。那么，如何才能更有效地找到一个产品的特征或特点呢?

这个“特征”是相对性的，需要一个参照物，在销售产品的时候，让销售人员能够回答“我现在要和谁对比？”的问题。

如今，在很多生产企业的产品特征定位里，很多产品根本无法让人们看出它的参照物，也就是对标产品，导致的直接结果就是，很多厂家或销售人员在没有参照物或参照物过多的情况下给店员介绍或推广的产品特征，是不准确的，导致很多特征的描述内容在门店销售中出现水土不服、用不上的情况。

有些生产企业，可能找到了主要参照物，但特征的描述内容几乎万年不变，只要改变了参照物，“特征”也会有所改变。

说到这里，有人可能觉得疑惑：对象会变，“特征”也要变，是不是就不用记这个产品有什么“特征”了？当然不是！对象虽然在变，但基本的条条框框不会超出范围。

那么，如何才能找到这个条条框框呢？答案就是，建立“四级竞争体系”。

那么，什么叫作“四级竞争体系”呢？大家一起来看这个内容，如图 3-2 所示。

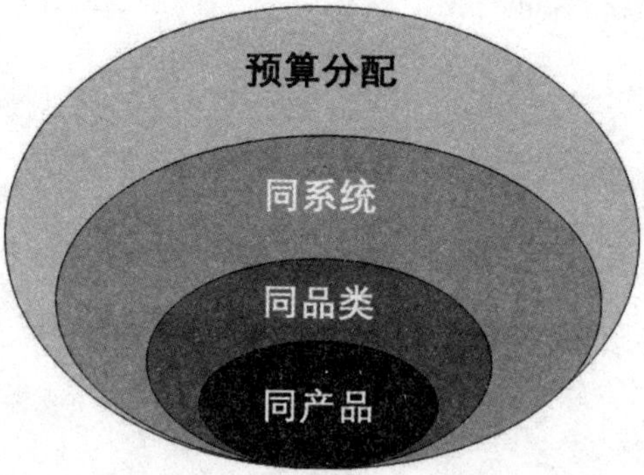

图3-2　四级竞争体系

由图 3-2 可知，四级竞争体系就是，产品在实际销售竞争环境中，面对的竞争环境。

竞争产品可以分为四个类别：同产品之间的竞争、同品类之间的竞争、同系统之间的竞争、预算分配的竞争。基于“四级竞争体系”的提示，在描述产品“特征”的时候，最先要搞清楚的是这个产品目前处于哪一级的竞争体系，因为不同级别的竞争环境，产品的特征完全不同。

下面分享一个真实的例子。

2012 年前，我入职服务于云南植物药业，这家公司有一款明星产品叫血塞通分散片，我曾是这个产品的全国产品经理。相信，即使不是从事医药行业的人员，只要家里老人或长辈患有心脑血管疾病，多数人都听过这个药品品类。

该品类的竞争非常激烈，生产企业多、产品剂型多，在这个大的品类中，云南植物药业的血塞通分散片的特征是什么？面对不同需求的消费者，面对不同的竞争产品，店员应该如何描述这个产品的特征呢？其实，只要用四级竞争体系的方式来梳理，就比较清晰了。

1. 同产品竞争

云南植物药业有血塞通分散片，云南白药也有血塞通分散片，其他制药企业都有血塞通分散片。大家都是血塞通分散片，你的比别人家的好在哪？在竞争环境里，参照物都是同一个产品，即"血塞通分散片"，这时候的竞争就是第一级的"同产品"竞争。如此，描述的产品特征就是：我家的血塞通分散片，用的是注射级别的原料，以及从新西兰、美国进口的辅料。

2. 同品类竞争

云南植物药业有血塞通分散片，云南维和药业有血塞通片，昆药集团有血塞通胶囊等。这时候大家会发现，使用上一竞争环境里的"特征"就不合适了，因为这时候的竞争是第二级的"同品类"竞争。此刻，我们要描述的产品特征就变成：你的分散片，比片剂、胶囊、软胶囊等好在哪里？如果要描述产品特征，就可以考虑：分散片崩解速度最快，3 分钟内就能在胃里完全崩解，吸收效果良好。

3. 同系统竞争

云南植物药业有血塞通分散片，某某药厂有银杏叶片，虽然不是血塞通这一相同品类，但都属于心脑血管疾病治疗和调理的常规用药，彼此具有可替代性。这个时候，需要描述的产品特征已然发生改变，因为竞争是第三级的“同系统”竞争。所以在拿血塞通分散片和银杏叶片做对比的时候，直接用“我的血塞通分散片崩解快，吸收好”这个说法的话，就是牛头不对马嘴啦。此时描述产品特征，就可以考虑：血塞通的有效成分是三七总皂苷，主要作用是软化血管、改善血液微循环而非扩充血管，长期服用更安全。

4. 预算分配竞争

消费者走进药店，他的医保卡里可能只有 200 元钱，购买了你的血塞通分散片就无法购买安宫牛黄丸，买了安宫牛黄丸就不能买你的血塞通分散片，这时候的竞争可能和产品的功能无关，主要问题在于，消费者的预算有限，这就是第四级的“预算分配”竞争。这种情况下，可能需要对比的是，两个产品对于患者健康的紧迫性等。这时候，就可以说，您这种情况需要长期调理，暂时不需要服用安宫牛黄丸这种急救用药，用血塞通分散片更合适。

由此可见：简单的一个产品，面对不同的参照物，特征也会完全不一样。所以，无论是店员，还是产品生产企业，在给产品找特征的时候，一定要考虑到各竞争层面的参照物。

（三）A——找到产品的优势

“A”代表了是产品特征的优点。产品特征只是表象，它所讲述的功能才是更重要的。因此，销售人员要向顾客证明，你的产品和同类产品比较具备哪些功能上的优势，给出顾客购买你产品的理由。比如，你的电视使用了最新的智能屏，增加了护眼模式。

顾客是教育出来的，而灌输是必须而有效的一种教育方式之一。顾客大脑中的知识与观念不是天生的，而是由销售员灌输产生的。销售员必须把产品的优势整理成有效的说辞，通过各种可能的机会，不断地重复。因为顾客本身的药品知识是有限的，必须由销售员给他们传输新的知识与观念。

所谓传输，就是把产品的独特优势，通过反复的提及，嵌入到顾客的现有心智模式之中，从而激发他产生购买的欲望。

产品优势是销售员为客户介绍产品时最为关键的信息，也是产品介绍步骤中最重要的一步，让客户认同了产品的优势才能激发其购买的欲望，培养其品牌忠诚度，产品优势主要体现在品牌效应、价格优势、特殊优势。

当前的产品市场极其丰富，可以说任何一种产品都有竞争对手。当然，客户之所以选择购买某种产品，是他有这方面的需求。但是，面对众多的同类产品，如何让客户选择你所销售的产品呢？这就需要销售员把产品的优势毫无保留地展示给客户。

产品优势是销售员为客户介绍产品时最为关键的信息，也是产品介绍步骤中最重要的一步。只有让客户认同了产品的优势，才能激发其购买欲望，才能慢慢培养其品牌忠诚度。

1. 产品的优势主要体现在哪些方面

(1) 品牌效应。随着人们品牌意识的提高，客户越来越重视产品的品牌知名度。但这并不是说你所销售的品牌知名度越高成交率也就越高，因为品牌知名度高，价格也就会高，而高价格并非每个客户都能接受的。现在，客户选择产品都比较理智，通常是“只选对的，不选贵的”。

(2) 价格优势。在购买产品时，每个客户都想用最少的钱买到产品，所以如果你销售的产品在价格方面有较大的优势，一定要将其作为重要的卖点介绍给客户。

与其他同类产品相比较，即便是你的产品不具备价格优势，“价格”也会成为客户是否购买的一个关键要素。所以，如果客户认为你的产品价格相对比较高时，就要引导客户不要只关注价格，还要关注其背后的质量、服务等其他附加值。

(3) 特殊优势。除了品牌和价格优势，销售员还要跟客户讲明与同类产品相比，自己的产品在设计、质量、外观等方面的独特优势，尤其是产品所含的新功能，更要重点说明。因为客户都有好奇心，对新颖、独特的产品都会眼前一亮，销售员一定要把握住客户这种心理，及时说服客户购买你的产品。

2. 销售员怎么介绍产品优势

销售人员要做的就是让客户把注意力转移到产品的优势上，巧妙地取长补短，从而让客户坦然地接受产品。

（1）给客户灌输“适合的就是最好的”理念。没有最好的，只有最适合。销售人员要适时地给客户灌输“适合的就是最好的”理念，即使产品有短处，但适合客户就好。如果客户对自己的需求并不十分清楚，会提出一些看似合理，实则却没什么必要的要求，而自己的产品也达不到客户的需求。此种情况下，销售人员就要询问客户的真实需求，引导客户“务实”，购买适合自己的产品。

（2）用产品优势来弥补缺陷。销售人员在介绍产品时，应将重点放在产品优点的介绍上，围绕客户需求，突出产品的整体优势，以此来弥补其存在的缺陷。比如，当客户对空调的“制冷速度慢”提出异议时，销售人员就可以说：“没错，这款空调的制冷速度是有点儿慢，但它并不影响正常使用。而且其耗电量小，价格比同类空调便宜600元，厂家还提供5年的免费维修服务。”

（3）与其他同类商品进行横向比较。为了要突出优势，还可以与其他同类商品进行横向比较，比如：“我们的产品确实不便宜，但是技术和质量却是同行业领先的，只有……的技术才能生产出……的产品，也才敢卖出这样的价格，就像奥拓不可能卖出奥迪的价格一样，您说是吗？”

（4）曝短，宜少不宜多。如果主动说出产品的短处，虽然可以赢得客户的信赖，但是短处毕竟是短处，应该宜少不宜多。客户一般都喜欢完美的东西，如果产品瑕疵少还可以接受，瑕疵过多的话，谁也会难以接受。所以，销售人员介绍产品时，要遵循以下两个原则。

明显的“短”一定要主动“曝”。产品如果存在某些显而易见的问题，客户自己也能一眼看出来，销售人员就应该主动跟客户讲清楚。

细微的“短”可以“曝”。产品存在的细小问题，只要不明显、不影响正常的产品功能和使用，可以跟客户提出来，比如，“衣服的扣子有点松”等。

（5）“揭短”要先抑后扬。自曝其短，销售人员可以先说明产品缺陷，即“抑”，然后转入介绍产品优点，即“扬”。这一“抑”一“扬”之间，既展示了销售人员的诚实品格，又凸显了产品优点，一举两得。比如：“虽然这款产品在xx方面存在不足，但它和同类产品相比还是有明显优势的……(列举产品优点)”

3. 介绍产品优势的注意事项

向客户介绍产品是销售员销售工作的重要环节，几乎每个销售员都明白产品介绍的重要性。也正因为如此，很多销售员说起产品的优点、好处时，头头是道，甚至有些天花乱坠。销售员向客户大谈产品是多么完美，简直就是完美无瑕，这样不少客户高高兴兴地买回去，发现产品并非销售员所说的那样，一点也不适合自己不说，甚至有着非常致命的缺点。如果是这样，客户还会对你有好感吗？还会再相信你，再买你的产品吗？

所以，销售员在销售产品时不要过分夸大产品的优点，否则会使客户的期望值过高，以至于以后你的产品达不到你所说的优点，客户会觉得你是在吹牛，甚至在欺骗。

在向客户介绍产品的优势时，为了避免过分夸大产品优点，销售员需要注意些什么呢？

（1）介绍产品要客观。美国个人成长培训专家博恩·崔西说过：“说尽优点，不如暴露一点点真实。”销售员在介绍产品的时候，要尽量保持语言的客观性，不但可以突出产品的特性，还可以让客户更容易接受。

比如，销售员说：“一位小姐因为购买廉价的化妆品，造成皮肤过敏，整个脸都肿了，想想真是得不偿失。我们的化妆品是正规厂家生产的，虽然价格贵些，但它是通过国家质量检测的，非常安全，虽说多花些钱，但可以获得漂亮、安全、健康的确保。”

这位销售员说得就比较客观，既明确地说明了自己产品的优点，又提醒客户不要图便宜用那些廉价的化妆品，这样客户才会觉得他是个诚实的人，愿意购买他的产品。

（2）介绍产品要偏重于益处。客户在决定购买你的产品时，通常是因为你的产品能给他带来的好处和益处超出了其他的产品。也就是说，客户希望产品给他提供一项或多项的功能。因此，无论客户是否需要，都要将你的产品所能带给他的益处一一介绍清楚。比如，在与客户交谈时，下边这些句子要经常用到：

“这台空调能为您节约水费、电费……”

“这套橱柜能体现您的身份和地位……”

“这件衣服会让您更加时尚、引人注意、光彩夺目，也会让别人觉得您更有品位……”

“买了这产品，会给您带来更多的收益……”

“这汽车上的靠椅会让人觉得更加安全……”

（3）介绍客户所需要的关键点。销售员在向客户介绍产品时，不能只说明和示范产品的特性，还要从客户的角度出发，根据客户的需求，找出客户想知道的关键点，这个关键点其实对客户来讲也就是优点。销售员把握了客户所需要的关键点，然后将其作为产品优势来说服客户，客户才有可能购买。

销售员向客户强调关键点，就是强调产品本身所独有的卖点、优势。当客户知道了这产品的优势正是他所需求的，即使产品存在缺点，他们也会接受。

（4）不要无中生有，欺骗客户。客户来买你的产品，一般会对产品有点了解，如果你的话语中存在虚假成分，客户会觉得你在欺骗他，本来谈好的事也可能会因此而泡汤。在介绍产品作用时，要真实可靠，不能夸夸其谈，要展示自己产品的主要功能和特性，存在虚假信息，会影响产品和你的可信度，不要因小失大。

（四）B——给顾客好处

在销售过程中，通过“F”和“A”描述完一个产品的特点或优势后，就要开始强调这些特点和特征能给顾客带来什么“好处”。但这时候容易出现一种尴尬情况，就是你的逻辑和道理确实说得通，但顾客可能并不需要你描述的“好处”。比如，你觉得产品的好处是：这个产品非常经济实惠！但顾客告诉你：“我不缺钱。”再如，你觉得产品的好处是：这个产品的质量过硬，使用寿命最长。但顾客告诉你：“我就想要个便宜的，没必要买那么好的！”

顾客的需求漫无边际、不可控制，感觉不好把握，其实，认真梳理一下，在门店销售中顾客对于产品的主要需求也无外乎这样几个，即品牌需求、品质需求、安全性需求、价格需求和实用性需求等。

这里，最容易被搞错、最让销售人员头疼的，就是“价格需求”。不是说其他需求不重要，而是其他需求相对来说可操作性相对较低，容易把握。

下面，我们就一起来聊聊关于“价格需求”的一些事。

遇到在乎价格的顾客时，多数销售人员采取的基本策略都是回避或偷换概念。简而言之就是，顾客一直抱怨说这个产品“贵”，销售人员却一直在强调产品“品质好”。但“好”是“贵”的一个原因，却不能解决“贵”本身的问题。虽然这种解答方式可以实现一定的成交转化，但它终究无法解决客户的根本需求。因为在很多客户脑海中，此刻奔腾着一句话：“它即使再好，但还是太贵啊！”

有人可能会说，价格高低属于客观因素，除非降价，否则根本无法解决这个问题。

我认为，价格贵不贵其实是一种感觉，产品实际的价格体现和最终顾客觉得“贵不贵”，更多时候只是他的一种购买感受和体验，通过“F”“A”“B”“E”合理的“B”的设计，完全可以改变顾客的这种体验和感受。但是，如果顾客一直说“贵”，销售人员却一直说“好”，就很难改变这种价格体验了，因为这样的沟通无法在产品的“好”和顾客的价格需求之间建立连接与转化的“桥梁”。这也是“FABE”的核心是“转化”的主要原因。

其实，遇到看重价格的顾客，只要使用一个简单的办法，就能有效改变他们的这种体验，那就是：给他算账，多说“其实算下来更便宜”“其实更划算”“其实性价比更高”等话或词语，真正满足顾客对于“价格不贵”的需求。简而言之，就是当顾客觉得产品“贵”的时候，销售人员要让他意识到其实“不贵”。这也是“B”真正运用的核心。

很多人可能觉得，顾客说“贵”，价格也确实摆在那里，还有参照对比物，你怎么敢说“不贵”呢？刚刚已经强调过，不要把“贵不贵”当作客观事实来应对，要转化为一种体验和感受。那具体应该怎么做呢？

我曾遇到过一个顾客，他告诉我：“你看，你这个A产品，一盒售价26元，而其他药店那个B产品一盒只要15元。”其实，A产品的特点（“F”）在于它的剂型是分散片，而B产品的剂型是片。我的“FABE”回答是：

“大爷，便不便宜您不能只看单价，咱们这个A产品属于分散片

（这一句运用了“FABE”中的“F”）；

它崩解快，吸收好（这一句运用了“FABE”中的“A”）；

如果吃B产品，每天要吃3次，每次吃2片，每天一共需要吃6片；而吃我们的A产品，每天只用吃2次，每次只吃1片，就能达到很好的治疗效果。这样算下来，还是吃我们的A产品便宜（这一句运用了“FABE”中的“B”）；

不仅便宜，还减少了用量，可以减少副作用（这句属于强化，可加可不加）；

我们店里很多原来吃B产品的顾客都主动换成A了（这一句运用了“FABE”中的“E”）。”

案例中，如果吃B产品每天要吃3次，每次要吃2片，每天要吃6片；而吃A产品，每天只用吃2次，每次只吃1片，就能达到很好的治疗效果。这样算下来，还是吃“A产品便宜”。这两句话就是关于价格需求的一种“算账”方式，而不是简单地说“分散片崩解快，吸收好”。

可能有人会质疑，说这个案例的前提是账必须得算得出来，如果不管怎么算都不划算，怎么办？其实，算账的方式有很多种，就看你怎么去找。如果觉得自己找不到，无论怎么算都不行，就可以将“品质”换成“价格”，即使生硬一点，也要用“便宜”“划算”等词语，满足顾客对于“价格不贵”的需求。

我们再举一例，产品C和产品D的名称一模一样，属于某种中风急救用药。两个产品中，产品C相对于产品D的特点（“F”）在于，使用的原料里，有两味药使用了天然成分，而产品D使用的是人工合成成分，原料价格差距达数十倍甚至百倍，产品疗效存在较大差异。在实际的销售价格方面，产品C的价格大约是产品D的5倍，而顾客在意的就是价格问题。考虑一下：你的“FABE”会怎么组织？

我给出的一种“FABE”方案是：

“大爷，咱们A产品使用的是天然的×××和×××。（运用了“F”）

天然原料的价格是人工的数十倍，且只有天然方的A产品，才有急救作用（运用了“A”）。

按原料价格来算，我们这个天然方的才是性价比最高的。吃一粒天然的能顶得上几粒人工的，这样算下来才是真正的便宜。更重要的是，只有天然的能够用于急救，跟生命健康相比，几百块钱，您觉得重要吗？”（运用了“B”）

您不相信的话，可以回去查一下，《中国急救必备中成药目录》也是这样推荐的。”（运用了“E”）

在这个案例里，如果顾客关注的是价格需求，我们确实没办法像第一个案例一样通过简单粗暴的“换算”方式给予价格满足，就可以把品质换成价格，用“一粒顶几粒”这种方式来引出顾客对价格的“便宜”和“划算”的需求。当然，前提是这种陈述本身要站得住脚。

当然，假设你是一家知名皮鞋品牌的门店销售人员，你家皮鞋最大的优势就是品牌定位高端、质量极好，但整体定价相对偏高。这时，在门店的实际销售过程中，面临的最大的销售阻力就是来自“价格”，顾客反馈多数是：“太贵了，买不起”。

遇到这种“价格”竞争问题，如果店员没有销售经验，最常规的回答就是：“我们这个是国际知名品牌，品质非常好，所以价格略高。”学习了前面介绍的“算账”方法后，其实只要吃透“FABE”中的“B”，稍加改动自己的用语，就能收到意想不到的效果，比如，可以说：“您好，咱们品牌的皮鞋是出了名的质量好，只要保养得当，完全可以穿5~8年。您买一双便宜的，除了不舒适，可能一年两年就穿坏了。这样算下来，我们的皮鞋一点也不贵。更何况，我们还是国际知名大品牌，穿出去，也显得您有眼光。”

（五）E——出示有力证据

这里的“E”，指的就是销售人员对产品描述的“证据”。

以自己为例，作为一名消费者，当有人给你推荐产品的时候，你的脑海中会不会窜出一句质疑的话：“你说好就是好啊？我哪知道你说的是不是真的？”

在这样一个由于过度营销而产生严重信任危机的大环境下，营销话术的证据“E”就更显得至关重要。这个“E”，要向顾客传达的潜台词就是：“你看，我没有骗你吧？”

很多人可能会纠结于这个证据用什么类型、什么素材比较好。多数的门店销售店员最喜欢向顾客出示的“证据”一般都是企业提供的有关产品的权威认证及文件材料，如图 3–3 所示。

图3–3 门店销售店员向顾客出示“证据”

这虽然也是一种证据，但效果有限。我认为，证据这东西，就是怎么好用怎么来，证据越贴近生活，越容易引起顾客共鸣，不必拘泥于一个固定的类型，不必说它必须是什么样的，它可以是一份具体的材料、一个指标，也可以是一个视频、一段报道。当然，也可以是一种虚拟的、间接的暗示。

什么叫作“虚拟的、间接的暗示”？比如，“来我们店里买这款产品的基本都是回头客”，“回头客”就是一种证据，表达的意思就是“不是我说了好，是大家用了觉得好，你看别人都在买”。

这种“从众心理”就是一种间接证据，如同我们在街上想找一家馆子请朋友吃饭，但大家对周围的馆子都不熟，没有直接证据证明哪家馆子味道好，怎么办？这时候，就要相信中国人统一的判断方式了，那就是：哪家人多去哪家，人多的味道肯定不会差！

这也是一种间接证据。

了解各种证据的类型和效果，并在适当的时候去使用，是销售过程中的重要技巧。这里，给大家列举几个有利的证据。

证据 1：数字

数字可以给人一种明确、实在的感觉，说服力远超过烦琐的论证，是销售话术中最常使用的证据。比如：

销售员：“××，使用我们的产品，可以让您的工作效率大大提高。”

销售员：“××，使用我们的产品，可以让您的工作效率提升50%，并节省一半以上的钱。”

你觉得，上面两种销售话术哪种更容易说服客户？相信，多数人都会选第二种。所以，在说服客户之前，要检查自己的销售话术，尽量去掉那些不确定的词汇而用数字代替它们，以便提升销售话术的说服力。

证据2：图像

“百闻不如一见”，用图像做销售话术已经是一项惯用的推销技巧，比如，房地产销售中，都会运用图像。就连销售人员上门拜访，也会带着笔记本电脑，调出PPT给对方看。即使是在见不着面的电话销售中，为了说服对方，也要将产品的特点描述成生动的图像。

销售人员：“我们的汽车清新剂味道很好，是纯天然的，很提神。”

销售人员：“使用我们的汽车清新剂，你就像身在青山里姹紫嫣红、花朵摇曳的花丛中，那和玫瑰一样的香气让你舒适提神。”

你觉得，上面两种销售话术哪种更容易说服客户？相信，多数人都会选第二种。

证据3：经验

自己和别人经历过的感受和经验，也可以作为证据来说服客户。这里要注意的是，作为销售话术，自己和别人的经验其作用和效果是不一样的。推销者自己的经验，对于客户来说，可信性比较低，所以，在以自己经验组织销售话术时候，一定要客观而翔实，让客户觉得可信是关键。别人的经验，最好使用客户熟悉的人或名人的经验。熟悉的人亲切、名人权威性强，不仅能够提高可信度高，还可以让客户产生从众心理，提高说服效果。

证据 4：戏剧性证据

戏剧性的证据是运用和设计出别出心裁，能打动被说服者心，是一种独特的推销技巧。

举个例子：

一个销售员向一位客户推销产品，他说："现在使用的方法简直像烧钱一样浪费。"然后，他从兜里掏出一张大钞票用打火机点燃，同时，一边烧一边说他的论据并介绍自己的产品，这种方法给客户造成了很强的冲击力。

运用戏剧性证据的，可以营造一种戏剧的气氛和场景，让对方犹如"身临其境"，不知不觉地陷入你的说服中，而不是做一个冷静的旁观者。

二、“封闭式提问法”的门店销售运用

封闭式问法是指，回答问题时，用“是”或是“不是”就能使发问者了解其看法。

采用封闭式问法，销售人员就能控制谈话的主动权，将主题转移到和推销产品有关的范围里，而不至于把话题扯远。同时，为了节约时间，使客户作出简短而直截了当的回答，也可以采用封闭式问法。

（一）“封闭式提问法”的运用核心

严格来说，图 3–4 中的封闭式提问、开放式提问等概念，都是营销中非常基础的知识点，可能多数人都听过，只是没关注或没用好。多年的销售实战经验告诉我们，在门店销售这种形式中，这确实是一个非常好用的成交话术。

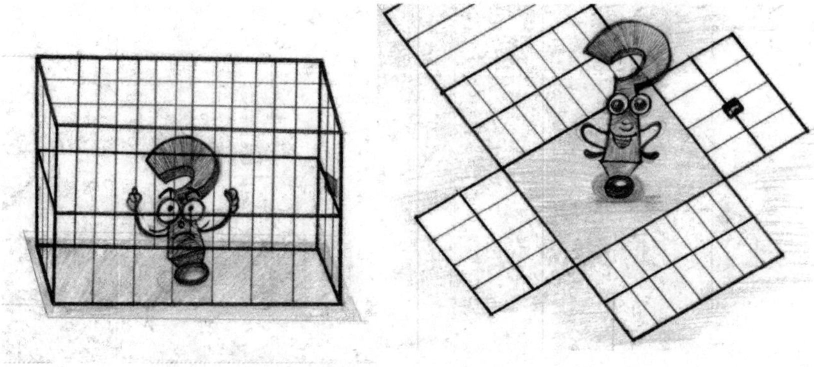

图3–4　封闭式提问和开放式提问

首先，我们来看看这个非常实用的营销话术技巧，即“封闭式提问法”。

我的一个朋友在昆明开了一家米线店，他在卖米线的同时还卖卤鸡蛋，生意总体还算火红，米线卖得很不错，但卤鸡蛋的销量却一直上不去。原因很简单，因为大家进店基本都是奔着米线来的，很少有人会主动想到卤蛋。于是，朋友就做了一件有意思的事，只要顾客来买米线，他就要求店员加一句话：“您好，卤蛋要不要加一个？”加了这句话后，卤蛋的销量果然比以前大大提高。

有一天，我到他的店里来蹭饭，朋友得意扬扬地给我讲述了他的“高明手段”。我不以为然地回答：“如果让我把这句话稍微改动一下，我保证你卤蛋销量可以更上一层楼。”朋友满脸质疑。

最后，我告诉他，每次顾客来买米线，可以加一句：“你好，今天是加一个卤蛋，还是两个卤蛋？”他接受了我的建议并照做，卤蛋的销量果然得到更大的飞跃。

相信大家已经能体会其中的关键。封闭式提问的核心在于，销售过程中尽可能地把给顾客的选项固定下来、完全锁死，让顾客做选择题而不是问答题，因为我们多数时候都习惯做选择题而不是问答题。

如果你是顾客，设身处地地想象一下顾客的反应。听到“今天是加一个卤蛋，还是两个卤蛋？”时，你的状态可能就是，停顿一下，然后说：“呃～加一个吧！”当然，在这个过程中，部分消费者可能会果断地回答：“我不加。”但无所谓，我们需要的结果是“卤蛋”销量的整体提升，并非说服每一个消费者。因为任何一种技巧，都无法轻松说服所有的消费者。

这里，有人会提出一个疑问：刚才的案例中，朋友说的“你好，要不要加一个卤蛋？”也属于封闭式提问，因为它不需要食客做简答题，只要选择“加”或“不加”即可。

严格来说，案例里提到的两种说法都属于封闭式提问，二者的区别在哪里呢？门店销售中的封闭式提问，要确保“两个选项都是对自己有利”。简而言之就是，“封闭式提问法”是在以成交为基础上的销售升华。“要不要加一个卤蛋？”，提问的两个答案“加”或“不加”，只有一个答案对你有利。而“你是加一个卤蛋，还是两个卤蛋？”，“加一个”或“加两个”都对你有利。

通过以上分析，可以发现封闭式提问和开放式提问有什么区别。

1. 主体不同

封闭式提问。销售人员提出的问题带有预设的答案，客户的回答不需要展开，销售人员可以明确某些问题。

开放式提问。这是心理咨询中使用的一种技术。即提出比较概括、广泛、范围较大的问题，对回答的内容限制不严格，对方可以充分地自由发挥。

2. 作用不同

封闭式提问。明确问题时，可以使用这种提问方法，澄清事实，获取重点，缩小讨论范围。

开放式提问。这是引起对方话题的一种方式，可以让对方更多地讲出有关情况、想法和情绪等。

3. 特点不同

封闭式提问。有利于被调查者正确理解和回答问题，节约回答时间，提高问卷的回复率和有效率；有利于对回答进行统计和定量研究。有利于询问一些敏感问题，对这类问题，客户往往不愿写出自己的看法，但对已有的答案却可能进行真实的选择。

开放式提问。最大优点是灵活性大、适应性强，特别是适合于回答那些答案类型很多、或答案比较复杂、或事先无法确定各种可能答案的问题。同时，它有利于发挥客户的主动性和创造性，使他们自由表达。

（二）“封闭式提问法”的运用场景

在门店销售中，封闭式提问可以运用在以下几种销售场景中：

1. 疗程套餐销售

说到封闭式提问的产品关联销售用法，米线卤蛋的例子已经讲得很明白，卖“米线”的时候，关联“卤蛋”，是比较常见和实用的一种“封闭式提问法”运用。

下面，我们来分享一个“疗程、套餐销售”中运用封闭式提问的真实案例：

众所周知，很多慢性疾病都需要经历一个周期性的治疗过程，医生会建议患者进行疗程用药。而疗程用药最大的弊端是，客单价比较高，患者接受度很低，把握不好沟通的话术，还容易伤害患者。

有一次，我让负责昆明药店维护工作的两组业务员在同一条街上人流量相差不大的两家药店同时开展门店促销活动，一组人在“某心堂”门店，一组人在“某之佳”门店。两个门店的人员和设备配备都一样，我告诉一组人：“今天所有来参加活动的患者不允许用封闭式提问。”我告诉另一组人：“今天所有来参加活动的患者必须每个人都用封闭式提问。”结果，最终销售数据显示，使用封闭式提问的一组，全天实现的销量是另一组的3.5倍。

说话方式的简单调整，居然可以带来如此巨大的效果差异。这个案例就是典型的封闭式提问推荐疗程用药案例。

当时我们设定一个疗程的产品用量是6盒，让我们一起来看看几种提问方式的效果差异。

◆完全开放式提问：“大爷，您看您要几盒？”

在我们设定的营销环境中，这个答案肯定不及格。我们来看看优化的提问方式。

◆低配版封闭式提问：“大爷，我们这个药是6盒一个疗程，您看您要不要带一个疗程？”

员工能做到这一步，已经是有疗程推荐意识了，但这种提问方式违背了前面提到的“封闭式提问法”的核心，即“两个选项都是对自己有利”。

◆优化版封闭式提问：“大爷，我们这个药是6盒一个疗程，您看您今天是先带一个疗程还是两个疗程呢？”

想象一下，听到这种封闭式提问的时候，多数患者的现场反应会怎样？多数应该是先停顿2秒钟，然后说：“要不先拿一个疗程吧！”虽然部分人依然会回答：“不用了，我还是先拿1盒试试！”但是，销售话术的目的不是说服每一个消费者，因为个体差异实在太大，不可能达到完美的状态，只能想办法说服多数或其中一部分，实现整体客单价的增长。

在这个案例中，如果使用开放式提问，多数患者可能选购 1~2 盒，暂且按 1.5 盒 / 人的人均客单量来算，10 个患者的销量就是 15 盒。

使用封闭式提问，10 个消费者中可能只有 4 人是按照一个疗程 6 盒进行购买，其他人依然会维持 1.5 盒 / 人的人均客单量，最后使用了封闭式提问的 10 个人最终贡献的销量却是：4 人 ×6 盒 / 人 +6 人 × 盒 / 人＝ 33 盒。

一个是 15 盒，一个是 33 盒，多出 120%。

虽然并不是对所有的顾客都能实现疗程推荐，但对于一个门店来说，120% 的增长很多时候可能关系的不是利润高低的问题，而是生与死的问题。好的销售，从改变一句话开始，从一个封闭式提问开始。

2. 二次沟通销售

再来说说封闭式提问在二次销售当中的运用。举一个不是门店的销售例子。

为了市场开发，很多销售人员进行陌生拜访的时候，一定会遇到过类似的情况：你毕恭毕敬地敲开客户办公室的门，想把在脑海里彩排了 10 遍的销售话术告诉客户，客户却突然说：“我今天很忙，你改天再来，好吧？”或者你绘声绘色地描述完产品的卖点，希望得到对方一个肯定答复，客户却跟你说：“我先看看，有需求了再给你电话！”

遇到类似的情况，没有经验的销售人员通常会回答：“好的 x 总，那我改天再来拜访您！”或者说：“好的，x 总，改天再和您电话沟通。”这样，整个销售过程结束，就没有后续了。

其实，在收尾过程中只要加入一个封闭式提问的结尾，结果可能就会不一样。

比如：

客户：“我今天很忙，你改天再来，好吧？”

你：“好的，x 总，实在不好意思打扰您了，那您看我是方便明天上午还是下午再来拜访您？”

再如：

客户：“我先看看，有需求了再给你电话！”

你：“好的，x 总，那烦劳您先考虑一下，明天我再和您电话沟通，您看行吗？”

可见，采用了封闭式提问，不一定能改变故事的结果，但必然会增加成功的概率。

3. 产品关联销售

在肯德基点餐时，我们经常听到这样的对话：

"您好，先生，您要点什么？"

"饮料。"

"我们有雪碧、红茶、可乐、芬达，您需要哪一种？"

"可乐。"

"您要的是大杯、中杯，还是小杯，还是瓶装？"

"中杯。"

"需要加冰吗？"

"需要。"

而这就是典型的产品关联封闭式提问。这种提问答案有唯一性，范围较小，有限制的，提问时给对方一个框架，让对方在可选的几个答案中进行选择。它最大的好处就在于，让客户选择答案，可以将客户原本飘忽不定的思路局限在特定的范围内，让销售人员快速地确认客户对某一件的态度和看法，耗时短，速度快。

（三）6大封闭式问句，有效引导顾客成交

销售员在与客户沟通的过程中，对其进行封闭式提问，能逐步引导客户，让客户接受我们的建议，最终实现成交。

举个例子：

销售员：那么，你同意获得利润最重要的是靠经营管理有方了？

顾客：对。

销售员：专家的建议是否也有助于获得利润呢？

顾客：那是毫无疑问的。

销售员：过去我们的建议对你们有帮助吗？

顾客：有帮助。

销售员：考虑到目前的生产情况，技术改革是否有利于生产一些畅销商品呢？

顾客：应该说是有利的。

销售员：如果把产品的最后加工再做得精细一点，那是否有利于你们在市场上销售呢？

顾客：是的。

销售员：如果在适当的时间，以合理的价格推销质量好的产品，你们公司是不是会得到更多的订单？

顾客：会的。

销售员：如果你们按照我们的方法进行试验，并且对试验结果感到满意，你们是不是下一步就准备采用我们的方法？

顾客：对。

销售员：那么我们现在可以先签个协议吗？

顾客：可以。

在这个案例中，销售员就是通过封闭式提问的方式，将客户的思维逐步引导到自己所希望的轨道上来，从而最终说服客户购买。

作为一名销售人员，要学会问问题。在销售的过程中，销售人员如何通过6大封闭式问句，有效引导顾客成交呢？

那么，销售员该怎样对客户进行封闭式提问呢？

1. 建议式提问

采用提问的方式对客户提意见，比单纯地建议客户购买产生的作用更大、效果更好，因为虽然是提问，但最终的决定权还在客户手里，客户会有一种被尊重的感觉。

“您看您是年付还是季付？”

“您看您是亲自过来还是我给您把合约送过去呢？”

在交谈中，应避免用下面的方式：

“您看怎么办？”

“您看，还是尽快将字签了吧！”

主动约见客户，我们可以采用这样的话术：“王先生，通过我刚才的讲解，我们都发现，解决这个问题已经成为迫不及待的事了。既然这样的话，我们是否能在明天或者后天约个时间见面，我再仔细地向你说明。”当对方决定与你见面时，电话销售就算完成了。

2. 主动性提问

主动式提问指的是在介绍完产品后，销售员对客户的感受直接提出的疑问，目的是希望得到客户的反馈意见。

一般来说，只要销售员注意自己的说话方式，客户都会直接、正面地回答这些提问，比如：

销售员可以直接问客户：“这款手机是采用最新的流行颜色设计的，不知道您喜欢不喜欢这种颜色呢？”如果客户说他不太喜欢，那么“症结”就已经找到了。

3. 二选一式提问

选一的提问方式，会让销售员在无形中给客户作出购买的决定。很多时候，如果销售员发现客户已经有购买意向，但却迟迟不作出决定，此时，就可以对客户使用这样的提问方式，假定客户已经在购买，然后提出个可以供客户选择的问题。

一位冰箱销售员问客户，说："一共 9800 元，您是付全款，还是分期？"

"全款吧。"

"我们会安排工作人员给您送过去，你哪天有时间，今天，还是明天？"

"明天下午吧。"

4. 提答案为"是"或"否"的问句

要确定客户有某一个需要，就要把客户的需要包含在提问当中，引出"是"或"否"的回答。

客户："我们现在用的笔记本电脑，它的电池使用时间太短，好几次在紧要关头就没电了。"

推销员："所以您希望电池的使用时间长些，对吗？"（用选择式问确定需要）

客户："是。"

在销售过程中，销售员能恰当提问，便可以顺利把客户带进自己的谈话模式中，变被动为主动；如果销售员不懂得如何提问题，销售员将无法获得客户信息。

第四章
成交话术提升
之“聂氏成交四部曲”

这里，主要给大家介绍个人在多年工作经验中总结的欲取攻予推荐法、理所当然推荐法、三阶产品推介法和三问质疑拦截法。

一、聂氏成交四部曲之“欲取攻予推荐法”

（一）从案例体会“欲取攻予推荐法”

销售人员刚开始做销售业务时，会逢人就说：“拜托您了，请过目吧！”其热情不亚于追求意中人。结果却是销售人员追得越急越猛，客户跑得越远。其实，对举棋不定的客户，勉强他做决定，只能加重他的心理负担，因为他时时刻刻都想脱离这种困迫感，所以在这种情况下所做的决定，对销售人员来说，也不一定非常有利。

如果想使客户尽快做出有利于自己的决定，销售人员不妨使用欲故纵的技巧，将决定权让给对方，使客户在轻松而和缓的心绪中，迅速地做出有利于自己的决定。

为了方便大家理解“欲取攻予推荐法”，我们先来分享一个案例。这个案例依然是药店的药品销售场景，是我亲身经历的，产品也在前面的内容中出现过。

假设你的药店销售有名称完全一样的两款药品，粗暴地给它取一个代号，叫“哇呀呀”。其中一款的生产厂家是国际知名大品牌，老百姓比较认可，主动购买的人也相对较多，我们姑且把它叫作A牌“哇呀呀”；另外一个生产厂家的产品性价比较高，虽然主动购买的人不多，但一旦使用了，回头客比较多，品质绝对过硬，我们姑且把它叫作B牌“哇呀呀”。简而言之，A牌“哇呀呀”品牌知名度高，B牌“哇呀呀”便宜且品质好。

我们店员想推荐销售的是B牌“哇呀呀”款产品，因为A牌产品的利润比较低。那什么叫作“欲取攻予推荐法”呢？

一起来看推荐话术：

顾客进门，问：“你好，你们店里有‘哇呀呀’吗？”

店员从货架上把A牌和B牌的“哇呀呀”同时拿出来，摆在顾客面前，说：“您看看，我们店里有A牌和B牌两种‘哇呀呀’，A牌品牌稍微大一点，不太熟悉产品的人喜欢买这个；B牌选用的是注射级别的原料，经常吃的人选择多一点，回头客比较多一些；您看您是要这个品牌稍微大一点的A牌？还是这个性价比和回头率高一些的B牌呢？”

换位思考一下，如果你是消费者，你会选哪一款产品？相信多数人会选B牌“哇呀呀”。

这就是“欲取攻予推荐法”的一个典型案例。

只有在不同的情景下反复尝试，才能感受到这个方法的实战性。

再来看一个案例。

假设你们药店又售出同品类的两款产品，其中一款就是刚刚我们描述的B产品，简称为“B分散片”。现在还有一款产品，跟B品牌知名度差不多，最大的差异在于，它是普通剂型，简称为“C片”。其最大优势是价格便宜，价格几乎只是“B分散片”的一半。当然，“B分散片”也有它的优势，那就是剂型相对较新，整体吸收效果更好。

但问题在于，很多进店购买该品类产品的消费者都不太了解两个产品吸收效果的差异，多数人觉得“C片”产品便宜，更愿意买“C片”产品，而药店其实更想推荐“B分散片”产品。这时候，该如何运用“欲取攻予推荐法”？

顾客进门，问：“你好，你们店里有‘哇呀呀’吗？”

店员从货架上把B产品和C产品同时拿出来，摆在顾客面前，说：“您好，我们店里的‘哇呀呀’有C片和B分散片两款，C片是普通剂型，价格稍微便宜一些；B分散片是分散片，崩解速度和吸收效果更好一些，我们店里多数患者选的是B分散片，您看是要这个价格稍微便宜一些的？还是这个吸收效果好一些的？”

通过这个案例，你觉得多数人会选B还是C？事实证明，选B的多一些。

（二）“欲取攻予推荐法”的核心

“欲取攻予推荐法”的核心可以用一句话来形容：将选择的权利还给顾客。

如图4-1所示。

图4-1　将选择的权利还给顾客

通过上面的案例，相信大家已经对“欲取攻予”的基本含义有了一定的体会，说白了就是我明明想让你买它，但我偏偏不直接推荐它。总的来说，“欲取攻予”推荐法的核心就是：把选择的权利还给顾客，从左右顾客的选择转向左右顾客的判断。

如何理解这句话呢？从马斯洛需求层次的角度出发，把选择的权利还给顾客，满足的是顾客对于“自我实现”的需求和“获得尊重”的需求，属于最顶层的需求满足。在这种需求层次下，顾客会变得“很有主见”“很会判断”，虽然这种“判断”是基于店员的“判断”而“判断”，但他的判断过程很好地满足了自己的“自我实现”和“获得尊重”的需求。这就是“欲取攻予”推荐法的本质逻辑。

通俗一点来说，“欲取攻予”推荐法的核心，就是满足顾客的自尊心，同时规避由于销售人员的直接推荐可能带来的叛逆心和质疑心。为什么这么说呢？因为有时候销售人员越殷勤地向顾客推荐一个产品，顾客越会想：

“我凭什么相信你？”

“我就不听你的！”

“那么想叫我买，肯定有什么猫腻！”

把选择的权利还给顾客，此刻的潜台词就是：产品情况已经介绍完了，您是一位非常有主见的客户，一定能够做出准确的判断。如此，更容易满足顾客的自尊心，同时规避顾客的质疑心理，而顾客的内心活动也会变成：

“看，我能够挑到最好的产品！”

“看，我这么聪明的人，多有主见！”

当然，这个方法的重点由两部分组成，把选择的权利还给顾客只是其中一个重要因素。要想促成交易，让顾客按照销售人员的思路来买药，另外一个重要的前提就是在顾客选择之前，销售人员能很好地“影响顾客的思路和判断”。

（三）“欲取攻予推荐法”的原则

单纯地把选择的权利还给顾客，很容易把“欲取攻予”变成“爱买谁买谁”。运用“欲取攻予”推荐法，要坚持以下四个原则：

1. 不要刻意贬低竞争产品

通过之前关于A、B、C三款药品的案例，大家会发现，在主推自己的产品B、描述A和C的时候，我会说A品牌稍微大一点，说C“价格稍微便宜一点”，而品牌大、价格便宜等特征，对于A和C来说其实是优势而非劣势，我并没有为了推荐B而刻意贬低A和C。

这就很好地体现了“欲取攻予”法运用的一个非常重要的原则，即不要刻意贬低竞争产品。理由如下：

（1）“欲取攻予”推荐法的前提是先“故纵”，不能留下明显的

“处理痕迹”，更不能刻意贬低竞争产品，要让顾客认为销售人员的立场是客观公正的。

（2）不贬低竞争产品，就能营造一种“看似分别介绍不同产品的优势给顾客”的心理印象，让客户觉得销售人员是客观的、公正的、专业的，降低顾客的防备心理，有效提升顾客的信任度和好感度。想象一下，购物时，如果店员告诉顾客这个产品如何如何不好，顾客很可能就会出现这种心理活动：“肯定又要推荐产品了”“既然这么不好，你们还卖啥呀！”

（3）竞争产品的优点确实是它已经具备的优点，既然躲不掉，就直接面对，因为这些优点很可能也会成为顾客反驳和质疑销售人员的关键。比如，销售人员说B产品如何如何好，顾客可能说：“算了，好贵啊，C产品便宜，你给我拿C。”顾客说出这句话后，销售人员再告诉他不能只考虑价格，这时候整个沟通氛围、销售的主动性就会发生变化。所以，即使销售人员不说，顾客也可能提出来，与其这样，倒不如销售人员先下手为强，让这个点不再成为顾客反驳或质疑的理由。

2. 弱化竞争产品优势，突出主推产品优势

如果说原则一的目的是“故纵”铺垫，那原则二的目的就是“欲擒”本身。

为了让大家体会深刻一些，这里我们依然用同一个案例来分析。

在销售人员想要推荐药品 B 而提到药品 A 和 C 时，对 A 的评价是“品牌稍微大一点”，对 C 的评价是“价格稍微便宜一点”。首先，对优点描述只提一句话，没有更多的描述，描述的时候可能选择的还是客户敏感度不高的优点。其实，这两个产品也有其他优势，但销售人员弱化处理。

虽然这就是竞争品的优点，却不是顾客关心和想要的优点。把这种方法运用在竞争产品上，将竞争产品的“优点”着重描述为销售人员明知道顾客不关心不在意的“优点”，就是所谓的“弱化竞争产品的优势”。

这里还有一个非常重要的小细节。描述 A 和 C 的优点时，我们使用了一个非常重要的程度副词“稍微”。这里，“稍微大一点”“稍微便宜一点”，其实际情况可能是“大很多”或“便宜很多”，对这个问题的处理，确实能很好地影响顾客的思路和判断。

再来说说我们真正想要推荐的产品 B。对比产品时，我们提到 B，说：“B 产品是分散片，分解速度和吸收效果更好一些，我们店里多数患者选的是 B。”可见，给予的待遇和规格完全不是产品 A 和 C 能够比拟的。

首先，我们对 B 的描述不是简单的一句话，而是“多说几句”。

其次，我们对 B 的描述所用到的优点至少给顾客的感觉相对于 A 和 C 来说更重要，“价格稍微便宜一点”和“吸收快疗效好”。

比较之下，你觉得哪个优点对于顾客更有吸引力？

我们还加了一句“我们店里多数患者选的是 B”，通过前面章节关于“FABE”产品推荐法的介绍，相信大家已经知道了这句话的分量和意义。

这就是做到“弱化竞争对手优势，突出主推产品优势”这一原则的关键所在。

3. 先说竞争产品再说主推产品

讲到这个原则，同样以前面提到的 A、B、C 产品推荐的案例来看。

用 A 和 B 做对比的时候，我们先介绍了 A 的品牌优势，又介绍了 B 的品质优势，而我们真正想要推荐的是产品 B；用 B 和 C 做对比的时候，我们先介绍了 C 的价格优势，又介绍了 B 的疗效优势，而我们真正想要推荐的依然是产品 B。也就是说，无论是 A 和 B，还是 B 和 C，都是把 B 放在后面介绍。

可见，在这个问题里，将谁的名字放在后面，顾客选择的答案多数就是谁，这就是思维习惯的一个直观反应。可见，将希望对方选择的答案放在后面，这个答案被选中的概率就更高。

换个角度来想，这方面也跟记忆的习惯有关。当我们同时听到两个或多个的产品介绍时，通常都是对提问时间点最近的产品印象相对深刻一点，这个产品被选中的概率自然也就更高。这就是为什么要先说竞争产品再说主推产品的重要原因。

还有一个原因就在于，中国人习惯于“把重头戏放在后面”。

因此，在对比介绍产品的时候，把想要推荐的产品放在后面，就能给顾客一种“后面这个产品更好”的心理暗示。这种暗示，在消费者交流的情境中，既没有直接的操作痕迹，又能很好地达到引导目的。

4. 通过提问交还选择的权利

通用的表达方式是“您看您要哪个。”细致一点的表达方式可以参考前面的ABC产品对比推荐，如“您看您是要这个品牌稍微大一点的？还是这个品质和疗效比较突出的？”

虽然这个原则的运用没有难度，却是整个推荐法最后的临门一脚。

二、聂氏成交四部曲之“理所当然推荐法”

（一）从案例体会“理所当然推荐法”

仅从字面意思来看，“理所当然”相对于“欲取攻予”可能就没那么好理解。不是说这个词语的含义复杂，而是说“欲取攻予”这个词语本身带有技巧的含义，而相对来说，“理所当然”很难仅凭字面含义来理解。

先和大家分享一个发生在我身上的真实案例。

2012 年初，我刚大学毕业一年多，踏入医药行业的大门不足 3 个月。当时，我在公司的市场部门担任物料管理专员，主要负责公司各类宣传推广物料的采购、管理和发放等，算是半个设计、半个采购、半个搬运工、半个仓库管理员，工作多而杂。

一次，公司需要采购一种叫作纽扣式塑料文件袋的物料，用来放文件材料。初入职场的我按照领导的指示给一个合作供应商打去电话，让她第二天带着几种备选方案过来和我谈。

第二天一早，供应商大姐将看上去差别并不大的三款文件袋摆在了我的桌上，然后告诉我："聂经理，我挑选了三种款式，价格分别是 0.8 元、0.9 元、1.2 元"。由于三款文件袋从外观上看不出大的差别，我和多数人的反应一样，很惊讶地问："这个 1.2 元的怎么贵那么多？看着没啥区别嘛！"供应商大姐似乎对我的提问感到惊讶，提高嗓门回答："当然啦！这可是得力的！"这里的表情和语气就是精髓所在。由于我的文字功底有限，很难准确地描绘出当时的语境，但她那"理所当然"的惊讶反应反而让我更加惊讶。

要知道，2012 年时得力品牌还没做大面积的广告推广，除了我这种职场小白，多数非专业的职场人士都不熟悉这个品牌，但作为老业务员的供应商大姐一定知道，那她为什么还说得这么理所当然、理直气壮呢？很久以后，我才发现了这种表达方式的妙处，而这也正是我们今天要分享的"理所当然推荐法"最初的思路来源。如图 4–2 所示。

图4–2　理所当然推荐法

回到案例，听到供应商大姐理直气壮的一句“当然啦！这可是得力的！”，为了表现出自己也很懂行，我就镇定自若地频频点头，回了一句：“噢噢噢，没注意看！”最终的结果是，她只用简单的几个字，就让我完全记住了“得力”这个品牌，导致多年后当我在电视上看到得力的广告时，我还傻呵呵地跟家人说：“嗯，得力的东西确实好！”

有人可能会说，那是因为你性格的原因，如果是我，肯定会问“凭什么得力的就好啊？”其实，对于供应商大姐来说，即使你这么问，结果也一样，因为她最核心的目的，是通过“当然啦！这可是得力的！”这句话来引起你对这个品牌和产品的重视，即使这种重视是一种质疑！所以如果你直接问她“凭什么”，她同样可以用一整套准备好的推荐话术来告诉你答案。

换个角度想一下，如果店员给你推荐产品，你觉得是对方直接给你介绍产品卖点，让你印象更深刻，还是你主动提问产品卖点的时候对方给你介绍产品卖点，让你印象更深刻？毫无疑问，后者的效果定然远优于前者。

这种销售方式很容易带来反差效果，而“反差”是引起顾客关注的核心。因此，特别适合于推荐那些品牌或知名度有劣势但实际品质突出的产品。

我给这种方法取了一个名字，即“理所当然推荐法”。

（二）“理所当然推荐法”的原理

“理所当然推荐法”的原理如下图 4–3 所示。

图4–3　在顾客内心形成强烈的心理反差

制造反差，造成“我惊讶于你的惊讶！”是理解“理所当然推荐法”的诀窍和核心。其核心原理就是，在推荐产品的过程中，为顾客营造一种氛围或传递一句潜台词，就是：这是一个大家都知道的事实啊！你竟然不知道吗？通过这种潜台词，在顾客内心形成一种强烈的认知冲击和心理反差，在好奇心的驱使下，让顾客产生类似这种心理活动：

“咦！她为什么说得这样理直气壮？”

“这和我们认知的完全不一样，我怎么不知道？”

“那个产品不是应该更好吗？”

顾客产生以上心理活动后，通常会做出两种反应。

一种直接选择“认同”。这时候，你的目的也就达到了。

另一种是，会出于好奇和质疑，直接问你。这时候，只要在“理所当然”推荐法的后面加上一整套的“FABE”产品推荐法，对他的疑问进行解答，就能产生远好于直接推荐产品的效果。

也就是说，不管你的“理所当然”获得对方的何种反馈，都是可以的，因为你此刻需要的并不是反馈内容本身，而是“反馈”这个动作以及这个动作带来的心理活动。你的终极目的，是推广产品卖点，前面提到的都是为了给最终目的做铺垫。

因此，从操作方式上，“理所当然推荐法”的核心，就是在推荐产品之初，刻意制造出某种推荐产品与顾客之间的“心理认知冲突”。如此，不管是出于好奇，还是求知欲，他一定会认真听你讲完后面你打算讲的内容。

记住，你的目的是有计划地讲清楚产品的卖点，且让他认真听完。

（三）“理所当然推荐法”的操作方法

具体来说，应该如何操作这个方法呢？

首先，我们运用“理所当然推荐法”的首要目标，就是让顾客提出质疑，让销售人员与顾客对产品认知的“心理冲突”或“反差”。这个质疑是触发“理所当然”推荐法后续推荐环节的关键。

日常销售过程中，最常规的触发顾客质疑的标志性话语有很多，比如：

“价格怎么那么贵？”

“这个怎么会比那个产品贵那么多？”

“为什么这个销量会更好？”

“这个凭什么会更好？”

……

有了这个触发性的内容，你的“理所当然”才能达到效果。

记住：“理所当然推荐法”比较适合用来推荐那些品质很好、性价比很高，但知名度可能还不高的产品，又或者是消费者容易有认知误区的产品。

这里，要纠正一个大家的认知误区，即虽然多数时候产品的知名度和品质是成正比的，但品牌或产品的知名度与产品本身的品质在很多时候并不一定完全匹配。产品知名度不一定是只以产品品质为依托，品质更多的是决定了产品的生命周期和复购率。

总之，“理所当然推荐法”的运用，就是产品的卖点要和顾客的传统认知发生明显冲突，加深顾客的记忆点，增强他们的好奇心和求知欲望。正是因为顾客对产品不熟悉、不了解、有误解，你的“理所当然”才能形成最好的心理反差，从而达到运用本方法的目的。如果是和顾客彼此认知统一的产品，这个方法就失去了意义，变成了简单的附和。

那在实际销售过程中，“理所当然推荐法”如何实现呢？通过前面案例中供应商大姐的那句话“当然啦！这可是得力的！”，至少可以提炼出“理所当然”推荐法中操作的几个关键，分别是：

●比平时更高的音量。更高的音量，可以让你显得理直气壮。

●惊讶且坚定的表情配合。惊讶的表情，可以体现你的理所当然。

●能够吸引注意力的用词和停顿。合理的用词和停顿，可以加深顾客的记忆。

总之，要营造出一种理所当然、理直气壮却不失礼貌的氛围，只要在脑海里想象模拟一下，就能有所感受。

（四）“理所当然推荐法”的运用分享

这个方法虽然简单，却很实用，下面还有一个产品的真实案例。

有一款中风急救药物，叫安宫牛黄丸，市场上的生产企业非常多，价格也不等，便宜的几十元一丸，贵的数百元一丸；同时，还存在“同名不同方”的情况。所谓同名不同方，就是产品的名字完全一样，组方却不一样。有些安宫牛黄丸用的是人工原料成分，有些用的是天然原料成分，而很多老百姓并不知道其中的差别，只知道一个卖289元，一个卖798元，凭什么？

让我们来简单模拟一下这个案例：

顾客："这个安宫牛黄丸怎么那么贵？比别家的贵好几倍？"

店员："当然啦！完全不是一样的药品，这可是双天然的呀！"（音量、表情、语速）

顾客：……

店员："您有所不知，这个规格的安宫牛黄丸用的是天然牛黄和天然麝香；天然原料的价格是人工原料的数十倍，成品却只相差几倍；急救的时候用天然方的才能达到很好的治疗效果，其实从价值来说天然方的才是性价比最高的呀；不相信的话您可以去查中国急救必备中成药目录，千万不要既耽误了病情又浪费了钱。"

很多时候，销售的成败只在一瞬之间，门店销售要关注细节，越是细节的，越是简单的，就越有用！

三、聂氏成交四部曲之“三阶产品推荐法”

我们不得不面对的一个残酷现实是：很多走进门店的消费者，可能都抱有自己的目标产品，而这个目标产品却不是你想要推荐的产品。比如，顾客走进你的家电专卖店，打算购买格力的某一款空调；走进你的药店，说要买妇炎洁这款产品等。

众所周知，对于已经有明确目标产品的消费者，想给他们推荐其他产品，难度非常大，而这也导致很多门店销售人员有时并不是真正意义上的销售人员，只是找货员。也就是说，顾客要什么，就给顾客拿什么。

那么，顾客走进门店，本来已经想好了买某一款产品，你该如何通过有效的销售拦截话术，引导消费者购买另一款产品？

在正式讲解之前，先思考一个问题：顾客为什么会有目标产品呢？比如，顾客走进药店，直接告诉你：“我要999感冒灵。”这时他为什么要“999感冒灵”，而不是“风寒感冒颗粒”呢？

（一）造成顾客有明确目标产品的因素分析

根据消费者购买目标选定程度进行划分，可以将消费者分为如下几类：

1. 全确定型

消费者在购买商品以前，已经有明确的购买目标，对商品的名称、型号、规格、颜色、式样、商标以至价格的幅度都有明确的要求。这类消费者进入商店以后，一般都是有目的地选择，主动地提出所要购买的商品，并对所要购买的商品提出具体要求，当商品能满足其需要时，则会毫不犹豫地买下商品。

2. 半确定型

消费者在购买商品以前，已有大致的购买目标，但具体要求还不太明确，最后经过选择比较才能完成购买，比如，购买空调是原先计划好的，但购买什么牌子、规格、型号、式样等心中无数。这类消费者进入商店后，一般要经过较长时间的分析、比较等，才能完成其购买行为。

3. 不确定型

消费者在购买商品以前，没有明确的或既定的购买目标，进入商店，多半都是参观游览、休闲，漫无目标地观看商品或随便了解一些商品的销售情况。遇到感到有兴趣或合适的商品，偶尔会购买，有时则观后离开。

这里，我们主要说的是全确定型顾客。

想象一下，作为消费者，当你去购买一个明确的目标产品时，为什么会认准这个产品？

可能你原本就使用过这个产品；

可能是身边的朋友说过“我用过，非常好”；

可能是打开电视跳出的广告里出现的那句触动你内心的广告词……

总结下来，消费者会有目标产品的原因不外乎以下几种情况：

●自己原来用过

●别人推荐购买

●广告宣传引导

●专业人士“要求”

以上四种不同的情况，会给我们带来完全不同的影响，拦截的切入点自然也会有所差别。但不管是何种原因造成的顾客有目标产品，拦截的关键都在于找出每种情况下最可能突出存在的矛盾点，使用恰当的方式方法把这个矛盾点放大。

比如，顾客是因为“自己原来用过”而再次购买，在深度认同这个产品优点的同时，顾客对于产品可能伴随的一些缺陷、不足等，定然有所体会，也许只是他自己不太注意，或没有更好的克服办法。在这种情况下要想实现拦截，就要放大该产品的本身存在，以及顾客有所感受的缺陷。

在以上四种情况中，最难拦截的当属第四种，即“专业人士‘要求’”。这种情况在医药行业表现得最突出，我用药品举个例子。

大家普遍认同的医药行业的产品“专业人士”是医生，如果顾客是在医生的建议下走进药店来买药，即使不是处方药，只是一款普通的保健食品，店员想要对顾客进行拦截销售，成功的可能性也很小。因为医生是专业人士，医生的建议对于顾客的选择来说属于最高权威，在顾客心里，这不是“可以选择”的概念，而是“必须选择”的概念。

当然，很多人可能会想，医生的建议肯定是最合适的，正常情况下，针对这种类型的顾客，我们本来就不该拦截。但现实生活毕竟不是理论，很多实际情况并不是非此不可。比如，医生建议买血塞通软胶囊而不是血塞通分散片，可能并不是因为分散片不好，而是因为医院中标的产品只有血塞通软胶囊，或医生习惯用血塞通软胶囊。

这时候，你觉得可以实现拦截和替换吗？理论上是没有问题，但实际并非如此。

（二）不同因素下的“三阶产品推荐法”案例展示

针对刚刚提到的几种客户有目标产品的情况，我们分别举几个例子，一起体会一下“三阶产品推荐法”的实战运用。

当然，拦截产品的前提是，推荐的产品品质过硬，拦截不是为了坑蒙拐骗，而是为了解决由于顾客知道的信息不对称带来的产品误解问题。

案例 1：针对“自己原来用过产品”的拦截案例分享

妇科炎症，是很多已婚女性会遇到的困扰。有一类产品可以解决女性朋友的某些炎症反应，我们姑且把它称为妇科洗液。

即使身体没有这方面的治疗需求，只要提到妇科洗液，相信总有两三款产品是大家都耳熟能详的，比如，××× 洁、洁 ××× 等。由于这类产品针对人群和疾病的特殊性，一般购买这类产品的人都需要重复购买，长时间反复使用，因此多数走进药店来购买这类产品的人，过去都用过，只不过用完了，需要重复购买。如此，我们之前设立的“自己原来用过”这个命题也就成立了。

假设，你的店里新购进一种类似产品，叫做 ×× 妇科喷雾，它和 ×× 洗液主要的区别在于：一个是“喷雾”剂型；一个是“洗液”剂型。顾客走进药店，直接告诉你：“我要 ×× 妇科洗液。”我们要给她推荐这款新的 ×× 妇科喷雾，怎么拦截呢？

前面我们已经提过，拦截话术的关键是找出产品之间最可能存在的矛盾点，用恰当的方式把这个矛盾点放大。顾客已经使用过，定然知道产品存在的不足或弊端，只是可能暂时没在意或被忽略了，或者是虽然深有体会，但她认为可能没有更好的办法，只能被迫接受。如果你想推荐的产品正好能解决这个弊端，就可以将这个矛盾点放大。因此，最先要做的就是找出矛盾点。

针对妇科洗液和妇科喷雾这两个产品，作为普通顾客，你觉得二者最大的区别是什么？如果是喷雾，它最大的优点是什么？显然，答案就是“方便”。喷雾使用起来很方便，洗液使用起来很不方便，这就是两个产品的矛盾点。

销售人员找到产品的优缺点或矛盾点后，会最简单粗暴地直接把优缺点告诉顾客，就会出现下面这种错误的案例：

顾客：“你好，有 ××× 洁吗？”

店员：“您好，××× 洁用起来不方便，我们店里最近进了一些妇科喷雾，使用起来比洗液方便多了，您看要不要给您来喷雾？”

这种拦截方式虽然不能百分之百成功，但依然有一定的成功率，只不过客户的购买体验并不好，拦截的痕迹太重，成功率也不高。因此，“三阶产品推荐法”的目的就在于，既要提高拦截的成功率，又要提升顾客的购买体验。

而要想做到这一点，首先就要放大矛盾点。怎么放大呢？给大家演示一个思维过程：

妇科喷雾方便，所以，妇科洗液不方便！

妇科洗液不方便，所以，需要用小盆等辅助设备！

需要用辅助设备，所以，每天只能在家的时候用！

每天只能在家的时候用！所以，出门在外不能用！

于是，矛盾点就从“不方便”放大到“上班不能用”。

当然，也许还能再放大，但到这个程度已经足够。

下面，让我们一起来看看“三阶产品推荐法”在以上情景下的运用案例：

顾客：“你好，有 ××× 洁吗？”

店员：“姐姐，您每天用 ××× 洁用几次啊？”

顾客：“呃……两次吧，早晚各一次！”

店员：“一般中午的时候症状会比较明显，那您中午怎么办呀？”

顾客：“中午？中午就不用了嘛，上班不方便！”

店员：“哦，确实不方便！那您看这样行吗，因为中午其实症状比较明显，建议您多带一瓶妇科喷雾，这个用起来比较方便，可以随身携带，中午的时候自己找个卫生间就可以使用了，早晚您再用×××洁。”

以上两种不同的表达方式，一种是最常规的直接拦截，一种是采用了后面我们要分享的“三阶产品推荐法”。感受一下，哪种方式更好一些？

当然，以上我们设定的背景是：顾客有目标产品的原因是因为她以前用过这款产品。

案例2：针对“别人推荐或广告引导产品”的拦截案例分享

在这个案例中，由于成熟的市场教育和广告推广，多数消费者进店后都喜欢主动购买一款名为“DH丸”的浓缩丸产品。很多走进药店买DH丸的人，不是因为自己吃过，主要是广告引导的结果。如果这时候咱们药店里最新引进了一款新产品，叫作“DH口服液”，两个产品成分一样，只是剂型不同，店员需要推荐的是DH口服液这款产品。对于已经有明确目标产品的顾客，应该如何来拦截？

首先，要找到两个产品的核心矛盾点，然后放大它。

在这个案例中，一个是浓缩丸，一个是口服液。口服液相对于浓缩丸最大的优点是，“口服液”更好服用，也更利于吸收。于是，矛盾点就在于，“浓缩丸”相对“口服液”来说吸收效果差一点。

同样的道理，对于不会运用“三阶产品推荐法”的人，很容易采用错误的拦截方式：

顾客：“你好，你们店里有DH丸吗？”

店员：“大爷，DH丸吸收效果不太好，我们店里新进了一款DH口服液，吸收效果更好，您要不要试一下？”

下面，我们来看看“三阶产品推荐法”应该如何组织话术。

口服液吸收效果好，所以，浓缩丸吸收效果不太好！

浓缩丸吸收效果不太好，所以，对胃肠道的负担可能加重！对胃肠道的负担可能加重，所以，可能更伤胃！

因为可能更伤胃，所以，肠胃功能不太好的不建议吃！

从“吸收效果不太好”，到“肠胃不好不建议吃”，矛盾点的放大程度已经足够。

下面，让我们一起来看看“三阶产品推荐法”在以上情景下的运用案例：

顾客：“你好，有DH丸吗？”

店员：“大爷，您胃好吗？”

顾客：“呃，不太好！”

店员：“哎哟，胃不太好就不建议您吃DH丸啦！我们店里新上柜了DH口服液，吸收好不伤胃，现在回头客挺多的，给您拿这个吧！”

整个案例比较短，但大家可以和前面的推荐方法做一下比较，显然，后面的案例效果要好很多。

这个案例中我们设定的背景是：顾客自己可能没使用过产品，只是因为“别人推荐”或“广告引导”而有的目标产品。

案例3：针对“专业人士要求的产品”拦截案例分享

众所周知，在各行各业都有很多“专家”，这些“专家”的意见和建议，在很大程度上影响着消费者的购买选择，这样的影响很多时候甚至早已超出了产品本身带给消费者的使用体验，而这种情况在医药行业尤为凸显。

医药行业用药指导的“专业人士”是医生，对于医生建议购买的药品或保健食品，多数店员是不可能进行拦截的，也会从内心里放弃这种拦截的念头。今天，我们就用这种最极端的案例来和大家做个针对“专业人士要求”情况下的拦截策略分享。

在开始讲案例以前，我们先来说说“医生建议”拦截这件事的可行性。

很多时候，“医生建议”并不是没有漏洞，主要原因有很多，我这里列举几个。

（1）医生建议的产品通常是医疗机构中标的产品，而中标产品却不一定是同类产品中最优的产品，有拦截的可行性。比如，前面案例中我们提到过的“××× 胶囊”和“××× 分散片”，在实际使用效果上，很多患者都反馈“××× 分散片”效果很好，但多数医院中标的却只有“××× 胶囊”。如此，医生建议或处方就只能是“××× 胶囊”。所以，有拦截的实际可行性。

（2）中标产品和零售产品如果只是厂家或剂型上的差异，治疗作用至少是类似的，程度上却可能有所不同。这样，就有拦截的可行性，更何况是一些非处方的产品。

总之，“医生建议”这个看似最为专业和头疼的拦截难题，也有拦截的可行性，只不过我们要本着“实事求是、以患者为本”的前提谨慎使用。

很多做零售药店的人都有过这种经历：

顾客：“你好，你们这有 ××× 胶囊吗？”

店员：“您好，我们这里有 ××× 分散片，分散片的剂型崩解更快，吸收更好，要不给您拿 ××× 分散片？”

顾客：“不要，医生告诉我要吃 ××× 胶囊！”

一旦顾客说出这句话，店员解释都来不及了，说多了，反而让顾客更反感。针对这种情况，使用“三阶产品推荐法”，应该如何来拦截呢？

先要找到矛盾点。此刻的矛盾点是“医生告诉我要吃 ×××”，对目标推荐产品非常不利，这个杀伤力是毁灭性的，且没有继续放大的空间。所以，在这种情况下，唯一的生机就是，回应这个矛盾点本身，抢在顾客前面把他本来打算用来搪塞你的依据提前用掉，让他没机会再用这个矛盾点。看看下面的案例：

顾客：“你好，你们店有 ××× 胶囊吗？”

店员：“大爷，这是对面医院的医生给您推荐的吧？”

顾客：“是啊，怎么了？”

店员：“我就说嘛，因为医院中标的只有 ××× 胶囊这个剂型，所以来买这个产品的基本都是您这种情况，其实我们店里真正自己买了吃的，多数顾客还是反馈 ××× 分散片的效果比较好，您看刚刚走那位大爷才带走两盒呢，您试一下就知道效果了！”

当然，即使你这样说，也不一定能拦截成功，但是，至少能显著提高拦截的成功率。

（三）“三阶产品推荐法”原理归纳

这种方法一共分为三个阶段。简单来说，它们分别是：

第一阶段，提出质疑

回顾一下前面三个案例中的对话：

“您胃好吗？”

“这是医生给您推荐的吧？”

“您一天用几次？”

可以发现，我们都是以提问的方式开场，而所提的问题都是针对两个产品对比后得出的核心矛盾点且放大后的问题，问题有明确的针对性，问题的内容可以让顾客深有体会，能够引起共鸣，是产品的痛点。

提问的目的，就是让顾客对自己原本打算选择的产品产生自我质疑。

第二阶段，即陈述事实

再回顾一下前面的几个案例：

“中午使用不方便。”

“胃不好不建议吃丸剂。”

这些都是在前面质疑成立的基础上进行的事实陈述。你自己先说“有问题”，然后我在你的问题基础上陈述了一个客观事实，我自己并没有制造问题。

第三阶段，推荐产品

在前面的“DH 丸”和“DH 口服液”案例中，结合“你自己存在的问题”，结合“我对应陈述的事实”，自然就有了“您吃 DH 口服液吧！”这种产品推荐。

三个步骤环环相扣，逐步递进，缺一不可，最终达到拦截产品的目的。

当然，该方法的操作原理理解起来并不难，关键点只有两个方面：

（1）以提问的方式开场；

（2）提问的问题是顾客能够感受到的产品核心矛盾点，顾客能够认识到其原有选择存在的问题，然后进行替换。

总之，提问的方式主要达到三个目的：

（1）不是我要给你推荐产品，是你的实际情况不适合原来的产品；

（2）提问的方式能增加关怀感，提升沟通的专业性和好感度；

（3）提问只是一个引子，答案是顾客自己说的，不接受后面的推荐，你就是在否定自己前面的答案。

至于如何找到提出问题的核心矛盾点，就要因产品而异了。不过，这本身也是“三阶产品推荐法”最大的难点所在，它不仅在于如何找到矛盾点，更在于如何最大限度地放大矛盾点。

四、聂氏成交四部曲之“三问质疑拦截法”

在本章，我们主要分享产品销售拦截话术中的另外一种方法，即“三问质疑拦截法”。

（一）从案例认识“三问质疑拦截法”

这也是一个真实的案例。

在这个案例中，我们依然以一款名为“xx 牛黄丸”的产品作为推荐主角，该产品的主要劣势在于其价格比较高，主动购买的人相对少；其优势主要在于品牌绝对过硬，且使用了其他同名产品所不具备的两种“天然成分”，效果特别突出。

我们一起来看看针对这样一款产品，如何使用“三问质疑拦截法”进行销售拦截。

顾客：“你好，有 ××× 品牌的 ××× 牛黄丸吗？”（顾客有明确

的目标产品）

店员：“大爷，您是哪里不舒服吗？”（顾客可能回答的情况类型）（第一问）

顾客：“A：××× 疼。”

“B：买了送人的。”

“C：预防。”

店员：“咦！您是A的话，怎么会买这个产品呢？”（A情况第二问）

“咦！您是B的话，怎么会买这个产品呢？”（B情况第二问）

“咦！您是C的话，怎么会买这个产品呢？”（C情况第二问）

店员：“大爷您买这个产品主要是看中价格吧？”（第三问）

顾客：“A：不是。”

“B：是的。”（顾客可能会有的两种回答）

店员：“哦，其实A的话，就更不建议您选它了！”（A回答的应对话术）

“哦，其实B的话，反而不建议您选它！”（B回答的应对话术）

店员：“真正符合您需求的，其实是另外这个xx牛黄丸。”（需求转移）

店员:“这个xx牛黄丸选用的是xx和xx双天然成分。”(F)

“它的效果和品质是同类当中最好的。”(A)

“您花钱买产品的目的是把病治好，效果好才是最好的省钱方式，万一处理不好住院的话，那就不是几百块钱的事了。”(B)

“其实你可以查《中国 ××× 目录》，里面也是这么推荐的。”(E)

(推荐产品)

通过以上案例，我相信大家对这个拦截方法多少有些体会了。操作起来虽然简单，但里面用到的几个关键技巧、核心和原理却是十分重要且值得我们注意。

总的来说，“三问质疑拦截法”的典型特征就是，店员的主导性很强，问题频率很高，适用的产品类型很广泛，且不需要像“三阶产品推荐法”那样提前对产品做过多的“矛盾升级”，真正用起来技术含量更低，对话内容更多。

为了方便大家理解，可以将刚刚的案例做成一个流程图，大概是这样的。

如图4–4所示。

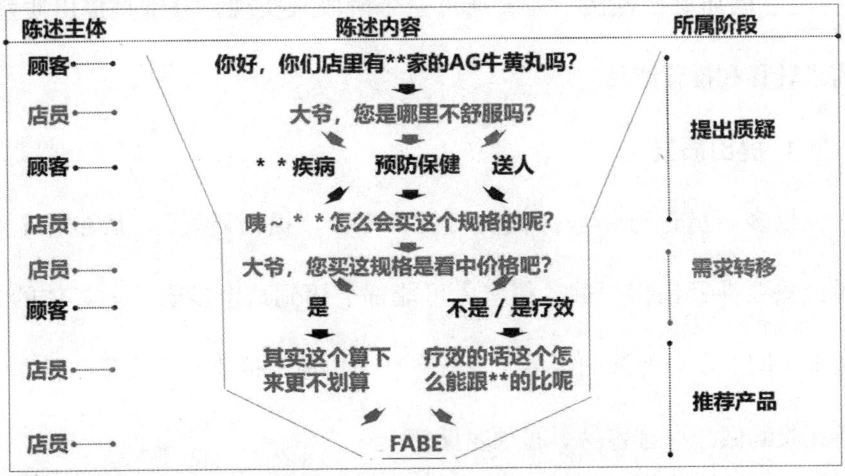

图4–4 销售中"三问质疑拦截法"的陈述过程

由图可知，我们的陈述过程是一个漏斗形状，不管前面和顾客是如何交流的，使用这种沟通方式，都可以达到推荐产品的目的。也就是说，前面使用的各种沟通和表达，都在为最后的推荐过程做引导和铺垫。

（二）"三问质疑拦截法"的核心原理分析

现在，我们来聊聊"三问质疑拦截法"的核心原理。

首先，从字面意思来理解，所谓"三问"，顾名思义就是向顾客提问三次。"质疑"是"三问"所要达到的主要目的，只不过，这里的"质疑"不只是店员对顾客的质疑，更是让顾客对自己原来的选择进行"自我质疑"。最后，在顾客自我质疑的过程中，通过推荐产品来实现"拦截"。

“三问质疑拦截法”需要通过三个阶段来实现，分别是提出质疑、需求转移和推荐产品。

1. 提出质疑

很多店员进行销售拦截的时候，都会“提出质疑”。从步骤上来说，只要涉及销售拦截，很多人可能都会用到这个步骤，但具体的方法却不同。没有经验的店员会不分青红皂白地直接质疑，这是一种非常不礼貌的做法，且容易引起顾客反感。

那么，什么叫作直接性质疑呢？举两个例子：

“你选这个空调不太好，建议你考虑另外这款！”

“这个药效果不好，你买另外这个吧！”

类似句式，都是典型的直接性质疑。

顾客如果有明确的目标产品，一定是在某些诱因前提下而有的目标产品。无论是别人推荐，还是原来用过，这样的产品已经在顾客心里留下了一些印象，有了一些熟悉感和信任感，并不是仅用一个第一次见面的陌生人的直接性质疑就能否定的。所以，“提出质疑”的前提一定是，确认顾客的需求后提出的质疑，只不过，顾客的这个需求本身是什么并不重要，但确认需求的过程很重要。

举个和我们自身的生活经历相关的例子。

比如，你今天得了重感冒，情绪很差，内心脆弱，男友突然打电话来问你：“感冒好点了没？要不要给你买点什么药？”你就会立刻觉得内心暖暖的。因为买不买药、感冒好不好其实并不重要，最需要的是男友关心你的这个过程。

对于顾客来说，道理同样如此。所以，在“提出质疑”之前，确认顾客的需求非常必要。需求是什么不重要，你跟顾客确认需求的过程和形式，对于顾客来说，却很重要。

在这种方法中，为什么说“需求”本身不重要呢？因为店员如果确认了顾客的需求，还要根据顾客的不同需求来制定话术，就很容易被顾客的思路把沟通的节奏带偏或者打乱，使店员在销售中陷入被动，不利于高效成交。“三问质疑拦截法”核心的目的是，不管顾客需求是什么，我都要质疑你，都会用一个套路来拦截你。

那么，如何来实现“提出质疑”呢？这就需要用到“三问质疑拦截法”里面提到的“三问”了。其实，严格来说只是两个问题，为什么呢？因为按顺序来说，三个问题的通常是一个开放式提问、一个疑问、一个封闭式提问。其中，中间的疑问句是不需要客户来回答的，它存在的唯一价值就是让顾客产生“自我质疑”。

大家跟着我一起来看“三问”的句式，其顺序通常是这样的：

第一问：开放式提问。

您购买这个产品是用来干嘛的？

根据具体产品的属性用法灵活调整，比如，您买这个药是因为哪里不舒服吗？你这个空调买了是放在哪里用等。

第二问："惊讶性"疑问。

咦？您用来 ×××，怎么会买这个产品呢？

这里的"惊讶性"很重要，一定要从表情、语气上渲染出你对于顾客在这个需求下选择这个产品的不可思议！具体怎么操作我就不再讲了，如果不会，可以回头看看前面"7/38/55"定律的相关内容。

第三问：封闭式提问。

您想要买这个产品一定是看中 ××× 吧？

诀窍在于，一定要和第二问紧接着，中间不要给顾客打断你的机会。至于这里的"×××"里面，想填什么其实都可以，比如，填"价格""广告""包装"……因为形式是重点，内容不是。

通过以上分析可知，“三问”的步骤就是：

开放式提问——了解需求；

“惊讶性”疑问——自我质疑；

封闭式提问——铺垫“需求转移”。

为了便于理解，我们回到前面的案例：

“大爷，您是哪里不舒服吗？”（第一问）

“咦！您是 ××× 的话，怎么会买这个产品呢？”（第二问）

“大爷您买这个产品主要是看中价格吧？”（第三问）

这里，反差越大，给顾客带来的好奇心，自我质疑印象就越深刻，奥妙之处，可以参照“理所当然”推荐法的原理。

2. 需求转移

这里之所以要使用“转移”这个词，是因为对于已经有目标产品的顾客来说，他对目标产品的“需求”是本来就已经存在的，或者目标产品本来刚好可以满足他此刻自认为的“需求”。通过“三问”达到了让顾客对原有需求产品产生怀疑后，就要趁热打铁完成“需求”的“转移”。

当然，这里要说明的是，“需求转移”是指让顾客对需求产品认知的转移，而非“需求”本身的转移。

这就是我们这里说的“需求转移”。转移的不是顾客对于产品的

“需求”本身，而是对需求产品的认知的转移。

这里的“需求转移”的操作步骤，一般情况下只是一句话，更多的是对第三步“推荐产品”的铺垫和衔接，所以要想感受到效果，就要连着前面第一步的“三问”质疑。

我们一起再来回顾前面的案例：

顾客：“你好，有 ××× 品牌的牛黄丸吗？”（顾客有明确的目标产品）

店员：“大爷，您是哪里不舒服吗？”（第一问）

顾客：“我是 ×××。”

店员：“咦！ ××× 怎么会买这个产品呢？”（第二问）

店员：“大爷您买这个产品主要是看中价格吧？”（第三问）

顾客：“A：不是。”“B：是的。”（顾客可能会有的两种回答）

店员：“哦，其实‘A’的话，就更不建议您选它了！”（A 回答的应对话术）

“哦，其实‘B’的话，反而不建议您选它！”（B 回答的应对话术）

“真正符合您需求的，其实是另外这款牛黄丸。”（需求转移）

店员最后的这句话，就是整个“三问质疑拦截法”中的第二步，即“需求转移”，是让顾客从认为“目标产品”能满足他的需求，变成认识到“推荐产品”才能满足他的需求。

当然，这个步骤更多的是一个过渡和衔接，单独看这一步，或拦截过程到此为止，它的效果并不太好，因为此刻顾客心里最常见的想法就是“凭什么要选你推荐的目标产品？我为什么要相信你？”

其实，我们需要的就是他内心的这个疑问，因为带着这个疑问，他才会对你第三步的产品推荐更加在意，我们才有机会进行第三步。这里，其实和前面我们讲过的“理所当然”推荐法也很像，或者说我们可以采用“理所当然”推荐法里的一些技巧，多数人对于自己有疑问的、好奇的问题，会更加关注和在意。

3. 推荐产品

在这个步骤，最标准的用法就是一套“FABE”。虽然说这个“三问质疑拦截法”的目标，就是执行第三步，但对于“拦截”这个步骤来说，起到作用的只有第一步、第二步。因为对于有目标产品的顾客来说，没有第一步、第二步的铺垫，很可能会失去把第三步讲完的机会。更重要的是，这个步骤本身的作用也会大打折扣。

最后，为了便于大家理解“三问质疑拦截法”的基本步骤和原理，我在这里给大家画一个原理图，如图 4–5 所示：

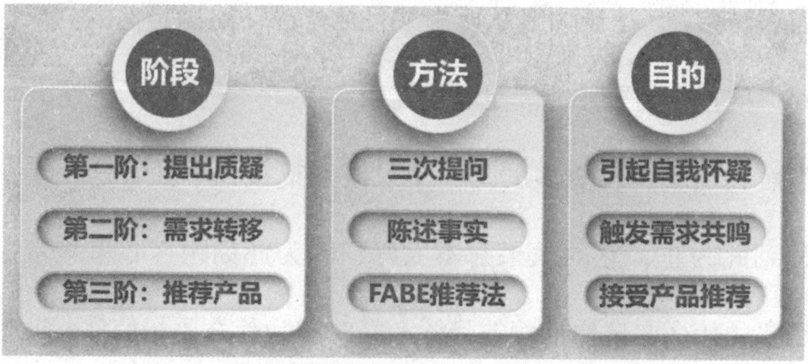

图4–5　“三问质疑拦截法”的基本步骤和原理

（三）“三问质疑拦截法”与“三阶产品推荐法”的异同点

在销售实战运用中，通常情况下我们在同一个时间、对同一个客户只会选择其中一种方法，那么，两种方法都是用来拦截的，到底哪一种比较好？我到底应该用哪种？只有对两种方法的异同点进行分析，才能在实际运用中有针对性地选择。

把“三问质疑拦截法”看作“三阶产品推荐法”的 2.0 版本，也是有一定的道理的。首先两种方法确实存在一些共同点，其次“三问质疑拦截法”是我在前者的理论基础上思考总结来的，里面有继承创新的关系。

下面，我们先来聊聊两种方法的共同点。

其一，两种方法都可用来“销售拦截”；

其二，两种方法都通过提问的方式进入话题。

在“三阶产品推荐法”中，针对买丸药的消费者，我们通过“大爷，您胃好吗？”这种问题来引入话题；在“三问质疑拦截法”中，我们用“大爷，您是哪里不舒服吗？”这种问题来引入话题。两种方法都从提问开始，虽然所要达到的目的存在差异，但通过“提问”来引出“回应”，通过“回应”来引起“话题”的基本思路是一致的。

“销售拦截”不管最终成功与否，首先都得有机会把你想讲的话讲出来。如果没有机会把你想讲的话讲完，这样的沟通其实就是一种无效的沟通。为了引入话题，“提问”确实是一种制造机会的比较好的一种形式。这也是两种方法都用“提问”带入的主要原因。

其三，整个过程都分为三个阶段。

“三阶产品推荐法”的三个阶段是提出问题、陈述事实和推荐产品；而在“三问质疑拦截法”中，我们经历的三个阶段是提出质疑、需求转移和推荐产品。

下面我们就来说说它们之间的不同点，这也是区别两种方法、学会灵活选择和运用的关键所在。

1. 对“阶”的定义不同

“三阶产品推荐法”的整个过程要比“三问质疑拦截法”简短。“三阶产品推荐法”的“三阶”，多数情况下只需要我们说三句话，比如，前面的案例中提到的：

“大爷您胃好吗？”（这是一阶，是第一句，用于提出问题）

“胃不好的话，不建议您吃丸药。”（这是二阶，是第二句，用于陈述事实）

“您吃口服液吧！”（这是三阶，第三句，用于推荐产品）

可见，“三阶产品推荐法”每一句话都能直接达到该阶段所要达到的目的，相对来说比较简单。

我们再通过案例来看“三问质疑拦截法”的三个阶段：

“大爷，您哪里不舒服？”

“咦！ ××× 怎么会买这个规格呢？”

“您买这个主要是看中它便宜吧？”

以上三句话，同属于一阶，目的都是为了“提出质疑”。

“哎，其实这个产品只是看起来便宜，您认真算一下会发现，××× 产品才是真正的实惠！”（这一句属于二阶，目的是“需求转移”）

“因为这个产品……（特点），所以它……（优势），您看您……（好处），这是……（证据）”

这里展开就是一个完成的“FABE”。

因此，至少是四句话都属于第三阶，也就是“推荐产品”。

这时，你就会发现，“三阶产品推荐法”的“三阶”更多是“三句话”，而“三问质疑拦截法”的“三阶”则是“三个阶段”。这就是两种方法在原理上一个非常重要的不同点。

2. 提问的方式不同

“三阶产品推荐法”的提问，多以封闭式提问的形式存在，比如，“大爷您胃好吗？”这种提问方式的指向性和目的性都比较强。而“三问质疑拦截法”的提问，通常先以开放式提问开始，再以封闭式提问收尾，比如，以“大爷，您是哪里不舒服吗？”开始，以“那您买这个主要是看中它便宜吧？”收尾。指向性要更弱，但相对来说，进入话题要更容易，客户的防备心会相对较弱。

那为什么要使用这两种不同的提问方式呢？这跟下面我们要讲的最后一个“不同点”有关，那就是在实际运用中，两种方法针对的拦截情境有所侧重和不同。

3. 针对的拦截情境不同

通过前面两个不同点的分析，脑子转得快的人一定已经能够感受到两种方法的不同运用了。如果用两句话来总结两种方法的适用拦截情境，我觉得应该是：

“三问质疑拦截法”相对来说更温和，普遍性更强，更适用于多数特征不明显，无机会提前准备的产品的拦截推荐；

“三阶产品推荐法”更激进，针对性更强，更适用于特征比较明显，且比较容易发掘痛点，能够提前有所准备的针对性产品的拦截推荐。

在拦截话术里，“三阶产品推荐法”和“三问质疑拦截法”是相对互补的两种话术形式，只有熟练掌握，才能真正对销售拦截技巧有体系化的认识和运用基础。

结束语

不管你是在何种机缘的情况下看到这本书，相识即是缘分，在此要衷心地说两个字：感谢!

正如我开篇所说，我并非大咖，也无法代表权威，仅仅是一个在一线摸爬滚打多年、见过一些人和事、想过一些问题和办法、想要分享一些个人的思考和经验的销售实战人士，把我认为实用的工作方法和技巧给大家做了一份归纳和总结，希望对同行业的后辈有所借鉴意义，仅此而已。

正如开篇所述，决定销售业绩的好坏需要三个必要条件：态度、知识和技巧。态度是一切的前提条件。

有一个品学兼优、出类拔萃的人，在大学毕业后，不到一年的时间换了三四份工作，每到一家公司，做的都是非常基础的打杂性工作。他认为自己怀才不遇、得不到重用，与上学时候相比心理落差巨大，然后就频频跳槽。久而久之，越来越郁郁寡欢，对职业和生活失去了信心。

有一天，他来到海边，垂头丧气地，想要结束自己年轻的生命。

一位赶海的老人看穿了年轻人的心思，把年轻人拉到岸边，问：“小伙子，年纪轻轻的，有什么想不开的？”

年轻人把自己这一年来如何失落、如何怀才不遇，全都发泄了出来。

老人听后，没有立刻接话，他想了想，弯腰从沙滩上捡起一粒沙子，然后扔出去，说：“小伙子，你先别急着寻死，请先帮我把刚才扔出去的那粒沙子捡回来。”

小伙子一下就懵了：“都是沙子我怎么可能找得到？”

老人不慌不忙地答道：“是啊，我也找不到。”

然后，老人家又摸了摸口袋，从口袋里摸出一颗珍珠，把它扔向沙滩，说：“小伙子，现在你帮我把那颗珍珠捡回来。”

小伙子照做了，很快找到了沙滩上的珍珠。

他似乎明白了老人家想要告诉他的道理。

今天，你之所以觉得自己怀才不遇、得不到重用，是因为你还只是茫茫沙滩中的一粒普通沙子，你和别的沙子并无区别，我为什么、凭什么要发现你？如果你能通过努力让自己在未来的某一天变成珍珠，无论在哪里，都会闪闪发光！

最后，感谢为本书的出版提供各种默默支持的家人和朋友们，尤其是为本书提供绘画支持的聂昭凯。

对本书的内容有所疑问，或是有好的经验和见解，欢迎大家与我交流。

学海无涯，咱们江湖再见。

参考文献

1.[美] 琳达 . 哥乔斯著 . 戴维依译 . 产品经理的第一本书 [M]. 北京：中国财经出版社，2004.

2.[美] 尼尔 . 雷克汉姆著 . 石晓军译 .SPIN 销售巨人 [M]. 北京：企业管理出版社，2006.

3.[英] 博赞等著 . 叶刚译 . 思维导图 [M]. 北京：中信出版社，2009.

4. 张卫东著 . 产品经理从优秀到卓越 [M]. 北京：人民邮电出版社，2014.

5. 柳青，蓝天著 . 有效沟通技巧 [M]. 北京：中国社会科学出版社，2003.

6. 熊经浴主编 . 现代实用社交礼仪 [M]. 北京：金盾出版社，2003.